Willy Potthoff

LERNEN UND ÜBEN MIT ALLEN SINNEN

LERNZIRKEL IN DER SEKUNDARSTUFE

3. überarbeitete Auflage von Lernen und üben mit allen Sinnen

Mit Beiträgen von

Ralph Hepp
Wilmar Jakober
Annelie Knapp
Elke Meyer
Karin Oehler
Anette Pillich-Krogoll
Heinz Zimmermann

REFORMPÄDAGOGISCHER VERLAG JÖRG POTTHOFF
Freiburg 1996

ISBN 3-925416-15-3

Zeichnungen: Karin Oehler
und Eva Kranich (S. 140)
Fotos und Grafiken: Jörg Potthoff
Druck: Druckwerkstatt im Grün, Freiburg

3. überarbeitete Auflage 1996

Reformpädagogik an öffentlichen Schulen

herausgegeben von Willy Potthoff

W i l l y   P o t t h o f f

Lernen und üben mit allen Sinnen

Lernzirkel in der Sekundarstufe

INHALT

WAGNIS UND GEBORGENHEIT

Wer Kindern Freiräume läßt und sie bei ihren Aktivitäten möglichst vorurteilsfrei beobachtet, wird beides finden, das beherzte selbständige immer weitere Kreise ziehende Erkunden des eigenen Lebensraumes mit allen Sinnen und das sporadisch eintretende Zurückkehren an einen sicheren Ort. Selbständig die Welt erobern, die Reichweite und Verläßlichkeit der eigenen Sinne und die Stärke der eigenen Kräfte erproben, neue Strategien der Weltbegegnung entwikkeln, das hebt das Selbstwertgefühl. Eltern und Erzieher stellen den Kindern für diese prickelnden Wagnisse Freiräume bereit und begrenzen sie je nach der vermuteten Leistbarkeit der Kinder in den unterschiedlichen Lebenssituationen, weil nicht mehr vom einzelnen Individuum strukturierbare, völlig offene Freiräume (nicht nur bei den Kindern, sondern auch bei Erwachsenen) Unsicherheit, Angst und Resignation auslösen.
Nach meiner Meinung sollte sich Erziehung in ständig größer werdenden Freiräumen vollziehen, in denen die mannigfaltigsten Grunderfahrungen gemacht werden können. Solche sich erweiternden konzentrischen Kreise können, in vielfacher wechselseitiger Überlagerung, überwiegend räumlich, intellektuell, emotional, sozial oder praktisch bestimmt sein. Die kontinuierliche Erweiterung ergibt sich einerseits aus dem Verlangen der Kinder nach Anwendungsmöglichkeiten ihrer Sinne, ihres Könnens und ihrer Fähigkeiten in vertrauten Lebenszusammenhängen sowie ihren "tastenden Versuchen" (Freinet) im Neuland und der Verantwortung des Erziehers für Rückzugsmöglichkeiten.
Die in den Freiräumen tätigen Kinder ertragen die Last der Freiheit mit dem ständigen Sich-Entscheiden-Müssen, den Kontakt und die Auseinandersetzungen mit den Gefährten und Konkurrenten, die aufkommenden Zweifel am Sinn und der Richtigkeit ihres Tuns immer

nur eine begrenzte Zeit. Dann bedürfen sie eines sicheren Ortes, bei den Eltern, bei den Erziehern, in gesicherter Zuneigung oder Freundschaft, freilich, um sich bald schon wieder dem unbekannten Neuen, dem Wagnis zu stellen. Es ist wie beim Fangenspielen der Kinder, wo von Zeit zu Zeit die "Paxe", "Otte" oder wie immer der sichere Ort genannt werden mag, aufgesucht wird. Pax, Frieden braucht das Kind immer wieder für kürzere oder längere Phasen und nicht nur das Kind. Auch wir Erwachsenen suchen nach langen aufreibenden Debatten, nach der Aufnahme einer Flut von Informationen, bei religiösen oder philosophischen Zweifeln den sicheren Ort auf und sei es nur, indem wir uns zurückziehen, abkapseln, um ganz bei uns selbst zu sein.
Elias Canetti benennt in den "Stimmen von Marrakesch" eben dieses Verlangen. "Um in einer fremdartigen Stadt vertraut zu werden, braucht man einen abgeschlossenen Raum, auf den man ein gewisses Anrecht hat und in dem man allein sein kann, wenn die Verwirrung der neuen und unverständlichen Stimmen zu groß wird. Dieser Raum soll still sein, niemand soll einen sehen, wenn man sich in ihn rettet, niemand, wenn man ihn wieder verläßt. Am schönsten ist es, in eine Sackgasse zu verschwinden, vor einem Tore stehenzubleiben, zu dem man den Schlüssel in der Tasche hat, um aufzusperren, ohne daß es eine Sterbensseele hört." (Canetti 1980, S. 33)
Dem Erzieher wächst die doppelte Aufgabe zu, den Freiraum für das Wagnis angemessen zu gewähren und darin das Kind ohne jede Gängelung agieren zu lassen, es nur zu beobachten, um die Begrenzung vielleicht weiter zu stecken, aber auch, Geborgenheit zu ermöglichen.

VOM ANSCHAUUNGS-UNTERRICHT ZUM LERNEN MIT ALLEN SINNEN

1 Das Leben und Überleben des Menschen ist nicht in gleicher Weise von gut ausgebildeten Sinnen abhängig wie das der Tiere. Für die in ihre Umwelt "eingepaßten" Tiere sind einzelne hervorragend ausgebildete Sinne der sicherste Schutz vor Feinden und die entscheidende Hilfe bei der Nahrungssuche. Die meisten der nicht besonders leistungsfähigen Sinne des Menschen werden denn auch von "Spezialisten" im Tierreich erheblich übertroffen. Werden die Sinne des Menschen jedoch stark vernachlässigt und unzureichend geschult, bedingt das einen Mangel an den für intelligente Leistungen und vernünftiges Handeln wichtigen Grunderfahrungen und eine verminderte Lebensqualität.

Wir können den Menschen in Anlehnung an Gehlen als ein handelndes Wesen begreifen; denn "der unmittelbare Bestand der gegebenen Welt ist hochrangig durch unsere Eigentätigkeit vermittelt" (Gehlen 1961, S. 49). Bewegung und Wahrnehmung sind eng aufeinander bezogen. "Wir erfahren die Wirklichkeiten nur, indem wir uns praktisch mit ihnen auseinandersetzen oder dadurch, daß wir sie durch die Mehrheit unserer Sinne hindurchziehen: die gesehenen betasten, befühlen... (Gehlen 1961, S. 33). Der Mensch erwirbt so eine Fülle an Erfahrungen, bei denen das Besondere ist, das sie als ein verfügbares Instrument bereitstehen, so daß der ganze Vorgang des Entdeckens und Probierens nicht in jeder Situation neu gemacht werden muß. Das entlastet und setzt zu neuen Erfahrungen frei.

Bei den entlastenden Formen der Erfahrung nimmt das Sehen eine besondere Position ein. "So sehen wir die Schwere, Härte, Weichheit, Nässe oder Trockenheit der Dinge, ... ohne zur Feststellung dieser doch ursprünglichen Tasteindrücke die Hand ausstrecken oder sonst unsere motorischen Organe einsetzen zu müssen." (Gehlen 1961, S. 35) Noch mehr gelingt uns mit der Sprache und ihren Symbolen die Loslösung von den Einzelsituationen.

All das ist für uns Menschen durchaus positiv, weil die ständige Wiederholung umständlicher Erfahrungszusammenhänge überflüssig wird und schnell vom Entdecken der Dinge zu ihrem Verwenden übergegangen werden kann. Was aber, wenn die ersten Erfahrungen ausbleiben, an denen die Polyphonie der Sinne im Rahmen der Eigentätigkeit beteiligt ist, oder undifferenziert erfolgen? Das ist unsere Situation. Unsere Gesellschaft drängt zum Verwenden, noch ehe ein Entdecken und Erfahren möglich ist, überschwemmt die Heranwachsenden mit Worten und verleitet sie, als leere Hüllen zu übernehmen, was der länger dauernden inhaltlichen Füllung bedarf.

Wer kennt nicht die Kinder unserer Zeit, die ein neues Bilderbuch in zwanzig Sekunden konsumieren und keinen Ansatzpunkt zum Sich-Befassen finden, die Schulklassen, die auf Wanderungen kein Tier, keine Pflanze beachten und keine Vogelstimme wahrnehmen, die Jungen und Mädchen, die sich von der Technik nicht faszinieren lassen, sondern sich mit dem knöpfchendrückenden Handhaben technischer Geräte begnügen, die Lehrer aber auch, die an den Kindern ihrer Klasse nichts detailliert beobachten, sondern leichtfertig Pauschalurteile fällen, und Wissenschaftler, die Pädagogik ohne die Basis selbst gestalteter und erfahrener Erziehungssituationen am Schreibtisch betreiben?

Stumpfe Sinne reagieren nur auf starke Reize. Armselige Erlebnisfähigkeit führt zu einem Lernen aus zweiter Hand. Das Ausbleiben von Primärerfahrungen verhindert das ausgewogene und fundierte eigene Urteil. Der Verzicht auf den Bezug zur Lebenswirklichkeit erlaubt zwar intelligente, nicht aber vernünftige wissenschaftliche Aussagen.

Zum Glück zeigen uns immer wieder Kinder, Lehrkräfte und Wissenschaftler, daß der skizzierte Zustand nicht schicksalhaft für unsere Zeit gegeben ist, sondern auch heute qualifizierte vielperspektivische Weltbegegnung möglich ist.

2 In der Didaktik sind die Hinweise auf die Bedeutung einer Sinneserziehung zumeist im Kontext von Anschauung, Anschauungsprinzip und Anschauungsunterricht gegeben worden. So hatte bereits Comenius in seiner Didactica magna geschrieben, man möge "alles, was die Schüler auswendig lernen sollen, ihnen so klar darlegen und auseinandersetzen, daß sie es wie die eigenen fünf Finger vor sich haben, und damit alles sich leichter einpräge, möge man alle möglichen Sinnestätigkeiten heranziehen. Man möge z. B. beständig das Gehör mit dem Gesicht, die Sprache mit der Hand verbinden, indem man nicht bloß einfach erzählt, was gewußt werden soll, damit es ins Ohr gleite, sondern auch bildlich darstelle, damit es sich der Einbildungskraft durch das Auge einpräge." (Comenius in Gärtner, S. 124 f.) Soweit es nur möglich ist, soll alles den Sinnen vergegenwärtigt werden, "das Sichtbare dem Gesicht, das Hörbare dem Gehör, das Wohlriechende dem Geruch, das Schmackhafte dem Geschmack, das Berührbare dem Tastsinn: und daß, wenn sich etwas mit mehreren Sinnen zugleich erfassen läßt, es mehreren zugleich entgegengetragen werde..." (a. a. O., S. 125).
Seit Comenius zieht sich die Forderung nach einem Lernen mit allen Sinnen wie ein roter Faden durch die Geschichte der Didaktik, wenngleich die Feststellung des Philosophen Locke (1632 - 1704) "Nihil est in intellectu, quod non prius fuerit in sensu" ("Nichts ist im Verstand, was nicht vorher in den Sinnen gewesen ist.") durch den Denkansatz des Rationalismus relativiert wurde. Oftmals wurde in der Didaktik Anschauung nicht nur für den Bereich der Realienfächer und des Heimatkundeunterrichts gefordert, sondern als allgemeingültiges Unterrichtsprinzip vertreten.
So verstand während der zwanziger Jahre unseres Jahrhunderts Kühnel Anschauung auf den Mathematikunterricht bezogen als eine allseitige Auffassung. "Das bedeutet zunächst die Auffassung mit allen Sinnen, nicht bloß des Wortes mit dem Ohr, auch nicht bloß des räumlichen Vorstellungsbildes mit dem Auge, sondern auch die Auffassung mit Geruch und Geschmack, wenn dies in Betracht kommt, hauptsächlich aber auch die mit den so arg vernachlässigten Bewegungsempfindungen, die Auffassung mittels Tastens, Greifens, Benutzens ... So umfaßt die Anschauung die oft wiederholte, planmäßige und allseitige Auffassung eines Gegenstandes mittels der Tätigkeit

aller Sinne, einschließlich des Tastsinns, mittels des gefühlsbetonten Erlebens. Von hier aus läßt sich auch leicht die Formel gewinnen für den, der unter Anschauung nicht das Ergebnis, sondern die Funktion der wiederholten, planmäßigen und allseitigen Sinnenbetätigung in Bezug auf ein Einzelwesen verstehen will. Er wird sagen können: Anschauung ist nötig bis zur völligen Klarstellung der Erkenntnis." (Kühnel 1922, S. I 72)
Die Abstraktion ist dann bei Kühnel "dasjenige Verfahren, das in allem Sinnfälligen das Wesentliche von den zufälligen Elementen sondert und dies Wesentliche zusammenfaßt zum Begriff, zur Regel, zum Gesetz." (a. a. O., S. 73)
Solche "erarbeiteten Abstraktionen" (Kühnel) sind auch heute noch prinzipiell für den Unterricht zu fordern. Sie sind zu unterscheiden von den "aufgenommenen Abstraktionen", die einfach gelernt und gedächtnismäßig festgehalten werden müssen und leider große Teile des heutigen Schulunterrichts bestimmen.

3 Die heutige Schulwirklichkeit ist zum Teil weit hinter der jahrhundertealten Forderung einer Einbeziehung möglichst vieler Sinne beim Lernen zurückgeblieben. Immer noch zwingen uneinsichtige Lehrkräfte ihre Schüler zum rezeptiven Lernen über einen einzigen Aufnahmekanal: über das Hören. Sie entwickeln Gedankengänge, tragen vor, erklären, reden, reden, gönnen den Schülern aber keine eigenen Versuche, keine eigenen Erfahrungen und Auseinandersetzungen mit den Sachverhalten. Wo das mündlich Vorgetragene ausgesetzt wird, tritt an seine Stelle das geschriebene Wort. Es ist ein ärmlicher, oberflächlicher Unterricht. Selbst das Veranschaulichen, bei dem ja auch wieder der Lehrer festlegt, was gesehen werden muß, erfolgt bei diesen Lehrpersonen selten.
Um das völlige Ungenügen eines solchen Unterrichts zu demonstrieren, machte ich mit Lehramtsstudenten einen kleinen Versuch, dessen Ergebnisse bestürzend waren: 121 StudentInnen wurden gebeten, einen ihnen bis dahin völlig unbekannten Gegenstand zu skizzieren, der von einem Teilnehmer der Veranstaltung, dem das Objekt vor Augen stand, in allen Details präzise beschrieben wurde. Der beschreibende Student hatte ausreichend Zeit, sich sachangemessene Formulierungen zu überlegen. Er wurde von mir gebeten, nichts

über die Funktion und nichts über das Erscheinungsbild des Gegenstandes als Ganzes mitzuteilen, sondern die einzelnen Teile und ihren Zusammenhang miteinander aufbauend zu beschreiben. Die hörenden StudentInnen konnten um längere Pausen und um die Wiederholung von Beschreibungssequenzen bitten. Rückfragen wurden jedoch nicht beantwortet.

Die angefertigten Skizzen, bei denen lediglich auf die Richtigkeit der Wiedergabe, nicht aber auf Schönheit und Eleganz geachtet wurde, unterschieden sich ganz erheblich voneinander. Nicht zwei waren identisch. Lediglich drei kamen dem beschriebenen Gegenstand sehr nahe. Mehrere Skizzen enthielten zwar alle Details, aber in falscher Zuordnung. Einige Zeichner hatten eine zweite Skizze angefangen, nachdem die zunächst begonnene sich im weiteren Verlauf der Beschreibung als unrichtig erwiesen hatte. Die meisten Zeichnungen gaben den beschriebenen Gegenstand nicht einmal in Annäherung wieder. Und etwas über 20 % der Teilnehmer hatten resignierend aufgegeben.

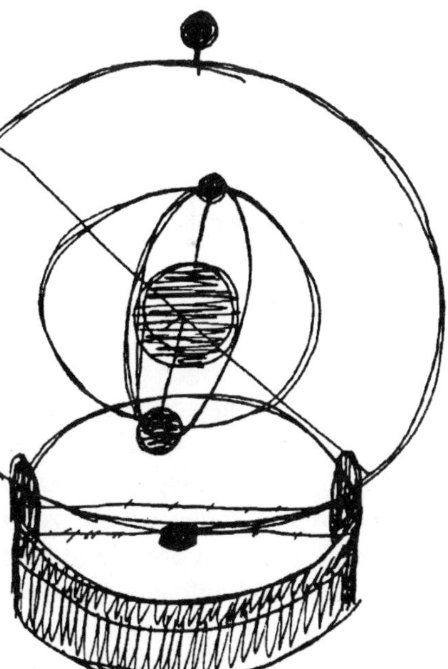

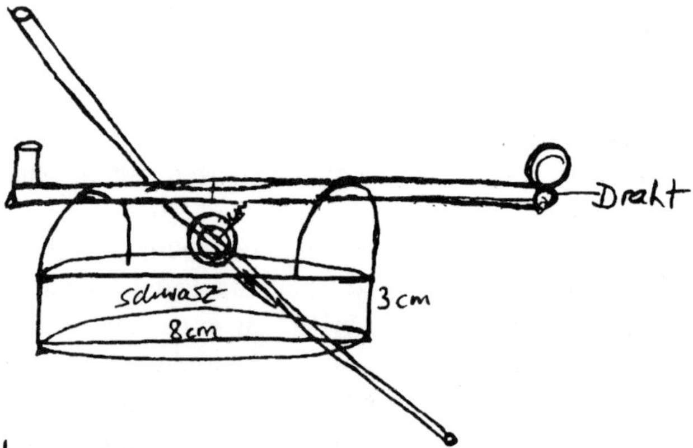

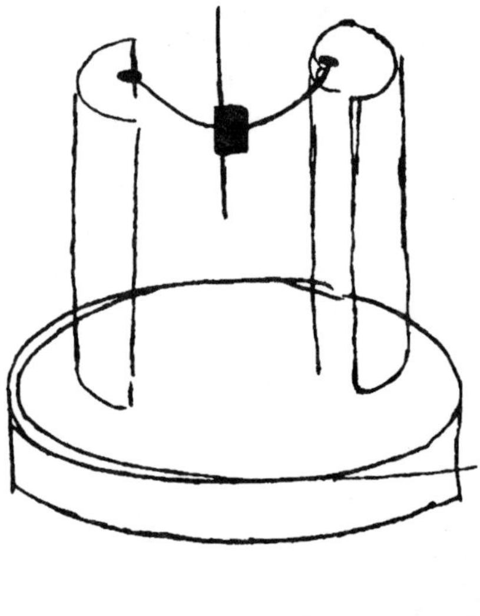

Auch wenn einfache Übertragungen nicht statthaft sind, erinnerte unsere Situation mit den kläglichen Ergebnissen doch fatal an den einseitigen Wortunterricht mancher Lehrkräfte, die ihren Schülern den Unterrichtsstoff sehr gut logisch-systematisch aufbauend, aber rein verbal anbieten. Unsere Hörenden waren, zumal anfangs vom Ganzen des Objekts noch keinerlei Vorstellung bestehen konnte, bei der systematisch Stück um Stück aufbauenden Beschreibung zum häufigen Umstrukturieren gezwungen, ohne über alle Strukturelemente verfügen zu können. Die mit den vorgetragenen Begriffen verbundenen Vorstellungsbilder unterschieden sich zwischen Beschreiber und

Zeichnern und den Zeichnern untereinander deutlich. Offensichtlich waren viele Begriffe von den unterschiedlichen Situationszusammenhängen, in denen sie gewonnen wurden, "gefärbt" oder niemals präzise gebildet worden. Es war auch ersichtlich, daß geringe Verstehensunterschiede am Anfang der längeren Beschreibung im weiteren Verlauf der Darlegungen zu gravierenden Abweichungen führten.

Von manchen Lehrern werden die Schüler gezwungen, täglich mehrere Stunden lang wortreiche Entwicklungen von Gedankengängen, Beschreibungen und Erklärungen rezeptiv aufzunehmen, ohne daß ihnen die Möglichkeit einer empirischen Überprüfung des Gehörten mit anderen Sinnen gestattet wird. Wir dürfen annehmen, daß dieses Verfahren in den Köpfen der Schüler ein riesiges Durcheinander von richtig, halb und gar nicht Verstandenem bewirkt. Wo das einseitige vortragende Lehrverfahren durch einen Gesprächsunterricht ergänzt wird, entspannt sich die völlig unbefriedigende Lernsituation wenigstens teilweise, weil Rückfragen nun falsche Vorstellungsbilder korrigieren können.

Das Gehör ist keineswegs für alle Schüler ein besonders effektiver Aufnahmekanal für das Lernen. Nur wenige Lehrer helfen ihren Schülern, die Fähigkeiten zum genauen und aktiven Zuhören zu entwickeln. Das scheint vernachlässigenswert zu sein, weil fast immer einzelne Schüler den rein verbalen Darlegungen folgen können und somit den Unterrichtsfluß in Gang halten. Zu Unrecht werden die übrigen Schüler als unaufmerksam oder wenig intelligent abqualifiziert.

Der Lernkanal des Hörsinns ist bei manchen Schülern anlagebedingt und aufgrund günstiger Umweltbedingungen besonders funktionstüchtig. Kommunikationsformen des Elternhauses und die Lust mancher Eltern, Sprache kreativ zu handhaben, mit ihr zu "jonglieren", zu spielen, können das vorhandene Potential optimal fördern. Das bewußte Musikhören, mehr noch das eigene Musizieren, der Spaß am Hinhören auf Geräusche der Natur begünstigen die Verfeinerung des Hörsinns.

Anderen Kindern fehlt nicht nur die Feinheit des Gehörs, sondern ihnen mangelt es auch an sachbezogenen Kategorien, die dem Hören Richtung geben. Wem die "Grammatik des Hörens" für die verschiedenen Hörbereiche bekannt ist, kann die Fülle der Töne und Geräusche leichter und selbständiger strukturieren. Es ist eine Art des exemplarischen Lernens, wenn, möglichst in ausgewählten Situationen, grundlegende Elemente und Strukturen des Hörens erworben werden, die dem Lernenden das Wiedererkennen des Gleichen in anderen Zusammenhängen, des Ähnlichen und der Unterschiede selbständig ermöglichen.

4 Was über den Hörsinn gesagt wurde, trifft im Grundsatz auf alle anderen Sinne zu, den Gesichtssinn mit den speziellen Ausprägungen des Sehens, des Farbensinns und des Raumsinns, den kinästhetischen und den statischen Sinn, aber auch den Tastsinn, Geruch und Geschmack sowie den Du-Sinn und den Zeitsinn. (Vgl. zu den verschiedenen Sinnen auch Steiner 1982) Die Funktion der Sinne beruht auf dem ererbten Potential, ihrer Schulung und der Ausbildung einer "Grammatik", mit deren Hilfe das sinnlich Wahrnehmbare strukturiert wird. Das Lernen über den Kanal eines einzigen Sinnes führt in der Regel zu Verstehensschwierigkeiten, wird jeweils zahlreichen Schülern nicht gerecht, verhindert oder erschwert die selbständige Lernkontrolle und bleibt erheblich hinter der möglichen Effektivität des jeweiligen Lernens zurück. Alle Beobachtungen und Erfahrungen deuten darauf hin, daß die optimale Kombination verschiedener Sinne beim Lernen von Schüler zu Schüler stark schwankt. Nur in einem offenen Unterricht kann dieser Tatbestand ausreichend berücksichtigt werden.
Lernen mit allen Sinnen kann als ein situatives Lernen verstanden werden, an dem alle (oder fast alle) Sinne gleichzeitig beteiligt sind. Am ausgeprägtesten finden wir diese Form bei Erlebnissen. Das mit den unterschiedlichsten Sinnen gleichzeitig Aufgenommene beeindruckt uns, ist von Gefühlsqualitäten begleitet und seiner Art nach immer diffus. Nicht ein detailliertes Wissen um das Erfahrene ist das Primäre, sondern ein ganzheitlicher Eindruck. Sobald wir danach drängen, das ganzheitlich Erfaßte differenzierter zu betrachten, räumen wir (neben den verstandesmäßigen Akten) einem Sinn oder wenigen Sinnen den Vorrang ein.
Der "absorbierende Geist", den Montessori für die ersten Lebensjahre ausgemacht hat, ist durch dieses allseitige unbewußte und mannigfach verquickte sinnliche Aufnehmen gekennzeichnet. Die Vertreter

des ganzheitlichen Leselehrgangs, die ihre Unterrichtseinheiten mit lebensvollen Situationen beginnen, haben gezeigt, daß auch beim Schulanfänger das erlebnishaft Ganzheitliche eine tragfähige Basis für den Lernprozeß sein kann, wenn dem diffusen Aufnehmen die differenzierende Bearbeitung folgt. Aber auch das "Handeln als ganze Person" bei Petersen oder das "Eintauchen" in Lebenssituationen bei unseren Begegnungsprojekten (s. ÜBUNG DES SOZIALVERHALTENS) kann bei älteren Schülern und Erwachsenen das zunächst wenig differenzierte Aufnehmen mit allen Sinnen als Ausgangspunkt von Lern- und Bildungsprozessen haben, dem jedoch analysierende Prozesse folgen müssen.

5 Lernen mit allen Sinnen kann auch ein Nacheinander des gezielten und intensiven Einsatzes aller (oder möglichst vieler) Sinne beim Lernen und Üben meinen. In diesem Fall wird der Lerngegenstand mehrperspektivisch angegangen. Dabei übernimmt jeweils ein Sinn die Leitfunktion, ohne daß (in den meisten Fällen) die anderen Sinne völlig ausgeschlossen wären. Dieses Verfahren wenden wir bei den Lern- und Übungszirkeln und teilweise bei der Freiarbeit an.
Wir alle kennen diese Formen des Aufnehmens mit allen Sinnen aus verschiedenen Lebenssituationen. Der Bereich "Urlaub" ist bei uns nicht zuletzt deshalb so positiv besetzt, weil uns hier Gelegenheit gegeben wird, komplexe Situationen mit vielen Sinnen aufzunehmen, und wir relativ frei entscheiden können, welchen Aufnahmekanälen wir dabei den Vorzug geben. Das ist nicht anders beim Weihnachtsfest, zu dem wir mit nahezu jedem unserer Sinnes-Aufnahmekanäle, auch in den unterschiedlichsten Kombinationen, Zugang finden können.

6 Der Gebrauch eines Sinnes in den sich stellenden Lebenssituationen übt diesen Sinn natürlich auch. Solche, mit anderen Tätigkeiten einhergehenden Übungen haben jedoch ein erhebliches Handikap. Der menschliche Organismus ist auf sparsame Haushaltung seiner Kräfte eingestellt. So begnügen wir uns in ungezählten Situationen mit einem winzigen über unsere Sinne vermittelten Signal, um den Sachverhalt einzuordnen. Das ist lebenspraktisch, verfeinert den Sinn aber nicht, was zum Aufnehmen von Details, feineren Struktu-

ren etc., die es z. B. in beruflichen Arbeitsfeldern zu erkennen gilt, erforderlich ist. Hinzu kommt, daß viele Lebenssituationen durch technische Hilfen derart vereinfacht sind, das grundlegende Lern- und Übungserfolge ausbleiben.
Um den Schülern die Chance zum differenzierteren Aufnehmen von Lebenswirklichkeiten zu eröffnen, sind einige Punkte zu beachten. Zunächst muß von der Hast zur Muße übergegangen werden. Wer zum schnellen Aufnehmen gedrängt wird, muß sich notgedrungen mit der Beachtung besonders auffälliger Signale zufriedengeben. Erst das gedrosselte Arbeitstempo, das sich nach der individuell benötigten Verweildauer richten muß, eröffnet die Chance zum differenzierteren Aufnehmen, zum abwägenden Identifizieren und Vergleichen feinerer Nuancierungen.
Jedoch reicht das angemessene Arbeitstempo allein nicht aus. Das Wahrzunehmende liegt oft in so komplexer Verschränkung mit anderen, weniger wichtigen Details vor, daß es nur schwer ausgemacht werden kann. Deshalb werden für effektives Lernen und für die Schulung der Sinne nicht ungekürzte Lebenssituationen, sondern didaktisch aufbereitete pädagogische Situationen benötigt. Und gelegentlich muß das zu Beobachtende und zu Übende von seinem überlagernden Umfeld isoliert oder wenigstens daraus hervorgehoben werden. (Vgl. Potthoff 1976)
Die Forderung, die Kinder ihre Umwelt über "tastende Versuche" (Freinet) selbständig erforschen zu lassen, ist richtig und naiv zugleich. Das Verfahren ist nur dann sinnvoll, wenn wir die Kinder in der unendlichen Fülle der Möglichkeiten nicht wahllos probieren lassen, sondern sie nach didaktischer Auswahl in methodischer Führung an Situationen heranbringen, in denen das "tastende Versuchen" erfolgversprechend ist. Diese ausgewählten Situationen müssen zahlreiche Möglichkeiten zur selbständigen Sachauseinandersetzung des einzelnen Schülers oder der Schülergruppe bieten. Eine gute Schule wird deshalb Ateliers oder Arbeitsecken bereithalten und so ausstatten, daß die Schüler selbst tätig werden können.

7 Das einmalige selbständige differenzierte Sich-Befassen mit einem Sachzusammenhang genügt keineswegs, um bei den Lernenden eine selbst entdeckte sensiblere Aufnahmemöglichkeit zu festigen und

schließlich zur Gewohnheit werden zu lassen. Das erfolgt nur nach zahlreichen Wiederholungen. Deshalb ist zum einen auf die Wirkungen eines "fortwirkenden Lernens" zu hoffen, wobei der Schüler, der um die ihm besonders liegenden Aufnahmemöglichkeiten wissen sollte, die im Unterricht erworbene "Grammatik" in außerschulischen Situationen anwendet und weiter übt, was im Bereich der Sinnesschulung gute Chancen hat. Andererseits sind aber auch in der Schule selbst Übungsmöglichkeiten zu schaffen, so daß der Schüler mit eigens für diesen Zweck erstellten Übungsmaterialien z. B. in den Freiarbeitsstunden seine Sinne intensiv schulen kann. (Vgl. Potthoff 1990 I, S. 68 ff. und die Kataloge über Grundschul- und Sekundarstufen-Materialien des Reformpädagogischen Verlages)
Wenn der Schüler den Zusammenhang solcher Übungen, bei denen - im Sinne Montessoris - der zu übende Sinn isoliert wird, mit den vorausgegangenen eigenen Entdeckungen in den pädagogischen Situationen erkennt, darf das Übungsmaterial durchaus "nüchtern", abstrakt sein. Die Übung wird sogar um so intensiver sein können, je mehr bei ihr auf Überflüssiges verzichtet wird. Wenn danach die in stark isolierender Übung gewonnenen feineren Aufnahmemöglichkeiten der Sinne in komplexere Situationen eingebracht werden, schließt sich der Kreis.

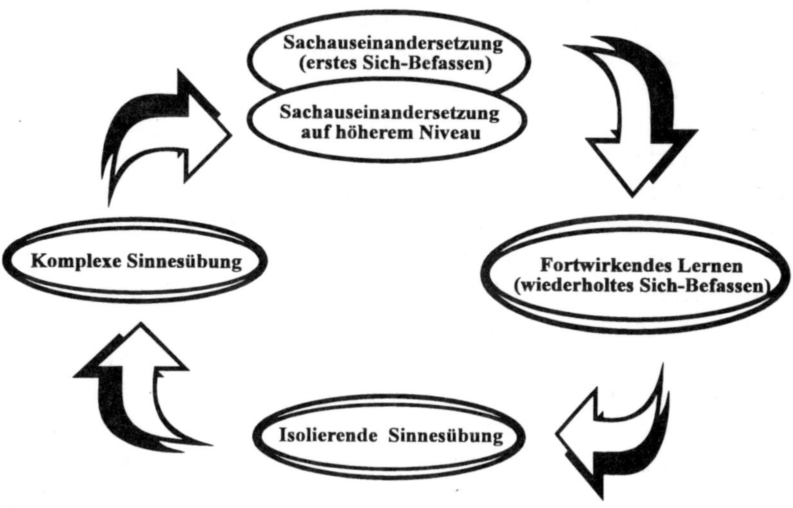

FREIHEIT UND BINDUNG

"Je größer die Worte, desto eher kann sich Fremdes in ihnen verstecken. Dies ist besonders mit Freiheit, mit Ordnung der Fall, wobei oft jeder sich das Seine denkt." (Bloch 1959, 2/614) Tatsächlich finden wir den Freiheitsbegriff in den unterschiedlichsten Staats- und Lebensformen. Immer wieder haben auch Diktaturen den Freiheitsbegriff in ihre Ideologie einbezogen, indem sie zur Befreiung von tatsächlichen oder imaginären Unterdrückern aufriefen. Auch die Hitler-Diktatur verwendete keineswegs nur das "Vokabular des Unmenschen", sondern hatte ihre Gefährlichkeit gerade durch die Einbeziehung von Begriffen, die in der Bevölkerung seit langem eine positive Bedeutung hatten. Sie ließ die Jugend singen: "Nur der Freiheit gehört unser Leben" oder "... und unser Herrgott zürnet uns nicht, daß wir woll`n Freie sein."

Bloch hat recht: "Das Problem der Freiheit ist ihre Vieldeutigkeit und ihr besonders großer Funktionswandel während der Geschichte." (2/614) Demnach wird stets nach dem Sinnhorizont zu fragen sein, vor dem der Begriff "frei" erst seine Bedeutung erhält.

Auch wenn heute in unserem demokratischen Staat in den Schulen über freiere Unterrichtsgestaltung diskutiert wird, fühlen sich die Kolleginnen und Kollegen möglicherweise sehr unterschiedlichen Sinngebungen ihrer Arbeit verbunden. Reformpädagogen können sich vielleicht darauf einigen, Freiheit sei die einem Individuum gegebene Möglichkeit, sich nach seinem von der Natur oder dem Schöpfer vorgegebenen inneren Gesetz zu entwickeln. Das geschieht für den Christen unter dem Sinnhorizont, daß Freiheit "nicht Ziel menschlicher Bemühung (ist), sondern Voraussetzung.

Deshalb kann sie der Mensch sich nicht selbst verschaffen, sondern sie muß ihm geschenkt werden." (Gollwitzer 1971, S. 366) Die Existenz des Schöpfergottes verhindert nicht die Freiheit des Menschen, sondern ermöglicht sie allererst. "Denn frei ist der Mensch, wenn er sich nicht selber rechtfertigen muß, wenn er von diesem Müssen frei ist, wenn er frei zum Spielen ist, wenn Freiheit nicht sein Ziel ist, um das er sich bemühen, das er sich erwerben muß, sondern sein Ausgangspunkt. Frei ist der Mensch, der von der Freiheit herkommt. Frei ist der Mensch unter der Gnade."(Gollwitzer 71, S. 78) Diesem Ansatz kann Selbstverwirklichung des Menschen nicht das höchste Ziel sein. Das ist hingegen bei einem rein humanistischen Sinnhorizont der Fall. Aber auch hier bleibt sorgfältig zu prüfen, wozu Selbstbestimmung und Selbstverwirklichung dienen sollen: zur immer wieder neu zu vollziehenden Annäherung des einzelnen an die Idee des Menschlichen in dieser Welt unter permanenter Einbeziehung von Bedürfnissen anderer und in Verantwortung vor dem gesamten Gefüge der gewordenen Natur - oder die Selbstverwirklichung zum eigenen Nutzen und effektiveren Gewinnstreben, verbunden mit Neid und Haß auf alle, die den egoistischen Zielen im Wege sind. Zwischen den genannten Ansätzen finden sich zahlreiche Abstufungen und Überlappungen, aber auch das gänzliche Fehlen eines sinngebenden Kontextes für den technischen Freiheitsbegriff in der Schule.

Der Mensch muß die ihm gegebene Freiheit handhaben lernen, gerade auch dann, wenn er sich nicht selbst im Mittelpunkt sieht, wenn er offen ist für den anderen und für die Schöpfung in der Welt. Dazu sind wichtige Vorschläge gemacht worden. Peter Petersen (1884 - 1952) geht bei seiner Definition des Freiheitsbegriffs von dem aus, "was der Mensch innerhalb seines Lebensraumes als Freiheit erlebt und in seinem Nachdenken darüber als Freiheit von etwas und zu etwas festzuhalten vermag." (Petersen 1931, S. 120) Innerhalb des Raumes fühlt sich der Mensch frei, wenn er einen für seine Bedürfnisse ausreichenden Raum abstecken kann. Dabei empfindet es niemand als Beschränkung seiner Freiheit, daß Naturgesetzlichkeiten Schranken setzen, z. B. nicht zwei Gegenstände an einem Ort sein können, Gegenstände undurchdringlich sind, die eigene Konstitution Grenzen setzt. Der Mensch bedarf aber auch des Raumes, um sich gesund entwickeln zu können, eines Bewegungsraumes, den er zunehmend erweitert und als seinen "Spielraum" beherrscht. Es ist deshalb konsequent, wenn Petersen den Schülern bei der freien Arbeit, der Gruppenarbeit, bei der Werkarbeit nicht nur freies geistiges und praktisches Fortschreiten, sondern auch jede sinnvolle Bewegungsfreiheit ermöglicht.

Auch bei dem Faktor Zeit, meint Petersen, empfindet der Mensch die begrenzenden Naturgegebenheiten, in die er hineingeboren ist, nicht als Unfreiheit. Die Dauer des Tages und des Lebens z. B. werden als naturgegeben hingenommen. Anders die willkürlichen Zwänge des "Fetzenstundenplans", die unnötige Einschränkungen des freien Fortschreitens zur Folge haben und zugunsten längerer Zeitphasen des "Kernunterrichts" aufgehoben werden müssen.
Die Arbeit für das tägliche Brot ist nach Petersens Ansicht im Prinzip nicht als Zeichen der Unfreiheit zu sehen, sondern als Menschenlos. Wenn jemand aber bei der wirtschaftlichen Existenzsicherung seine Würde als Mensch verliert, fühlt er sich unfrei, versklavt. Wer nicht für sein tägliches Brot arbeiten muß, hat jedoch keine größeren Chancen, die in ihm liegende Idee des Menschen zu realisieren, ist nicht freier. Das Gefühl von Freiheit bedarf auch des sicheren Bewußtseins, Achtung von anderen Menschen zu finden, von einer Gruppe getragen zu sein. Diese Sicherheit, die das Gefühl der Freiheit erst ermöglicht, kann auch im Familienkreis, im Freundeskreis, Verwandtenkreis gewonnen werden.
Das Vorgegebene ist also, daß wir Freiheit und Bindung als zusammengehörig vorfinden und die Bindung, auch die Beschränkung Sicherheit verleihen kann, die eine volle Nutzung der Freiheit erst ermöglicht. Es gibt kein Normalmaß für Freiheit in der Lebenswirklichkeit. In extremen Fällen können Menschen in großen Abhängigkeiten das Abhängigsein als den Rahmen nehmen, in dem sie in großer Eigenständigkeit ihr Menschsein verwirklichen.
Petersen legt seine gesamte Schulkonzeption, den Jena-Plan, so an, daß in ihrem Rahmen nach Möglichkeit jeder einzelne sein Menschsein in Freiheit verwirklichen kann, und macht damit seine Schule zu einer humanen Schule. In ihr findet jeder Schüler nicht nur die nötige Freiheit, sondern mit den individuellen Bindungen in der Gruppenarbeit, durch den "Paten", durch die Sicherheit gebende Vermittlung der Arbeitstechniken und der "Elementargrammatik" sowie der "Werkgrammatik" (vgl. Petersen 1980, S. 45 f.) Halt und Können, die sinnvoll zu gebrauchende Freiheit erst ermöglichen. So steht denn auch der Lehrer nicht außerhalb der pädagogischen Situation, die freie Bildung ermöglicht, sondern ist ihr verantwortlicher Gestalter und Teil von ihr.

Der Mensch erlebt Freiheit in Deutlichkeit bei Willenshandlungen, wenn er unter mehreren Motiven wählen kann. Besonders bei der Planung zukünftigen Geschehens wirft er dem Kommenden "das Netz seiner Pläne und Absichten über" (Petersen 1931, S. 124). Je mehr sich der Mensch dabei im Bewußtsein möglicher Alternativen für seinen Weg entscheidet, um so mehr wird sich sein Selbstbewußtsein ausbilden. Aber gerade über die Erfahrung von Grenzsituationen wird dem Menschen bewußt, daß es keine absolute Freiheit gibt, daß ich mein Sein "nicht absolut in der Hand habe" (Petersen 1959, S. 19). Und trotzdem: "**Ich wähle und ich entscheide**; ich entschließe mich, im Dasein ich selbst zu sein. Ich ertrage als Selbstsein nicht die Möglichkeit der Unfreiheit, und so wird **durch meine Tat Freiheit**." (S.19) Diese Freiheit schließt bei Petersen immer das Wohl des Mitmenschen und das Vertrauen auf Gott ein. "Denn in unserem Verhalten zum Mitmenschen offenbart sich hell und deutlich immer, wie unser Verhältnis zu **Gott** ist. Der realistisch bestimmte Mensch ist Zeit seines Lebens auf der Suche nach Gott, und er weiß sich völlig in die Hand Gottes gegeben und seinem Willen überliefert..." (Petersen 1959, S. 20).
Die Einbeziehung des Wählens zwischen Alternativen in den Unterricht ist ein vorzügliches Mittel gegen Passivität und Rezeptivität. Es ist falsch, für den Schüler "alles zu bestimmen und zu planen, statt ihn wählen und entscheiden, bestimmen und mitplanen oder allein und mit seiner Gruppe entscheiden zu lassen." (Petersen 1931, S. 125) Solche Gedanken tragen bei Petersen "Schulleben und Unterricht einer freien allgemeinen Volksschule nach den Grundsätzen Neuer Erziehung" (Jena-Plan I), die nicht nur die Arbeitsform "Freie Arbeit" kennt, sondern auch in der Gruppenarbeit und in der Werkarbeit diesen Grundsatz des Wählens zwischen mehreren Alternativen befolgt. Die Gruppenarbeit des Jena-Plans erhält Projektcharakter, indem jede Arbeitsgruppe (oder der einzelne Schüler) innerhalb eines Rahmenthemas ein eigenes Thema projektiert und frei ausgestaltet.
Wie bei Petersen finden wir auch bei Freinet eine Fülle an Möglichkeiten für das Planen und Entscheiden der Schüler, besonders ausgeprägt in der Wochenplanarbeit, wo jeder Schüler auf der Basis vorgegebener Lern- und Übungsstoffe zahlreiche Entscheidungen selbst

treffen und weitere Arbeitsgebiete voll verantwortlich planen kann. In beiden Fällen, bei Petersen und bei Freinet, erfolgt der Rückbezug der freien individuellen Entscheidung auf die Gruppe, vor der die Entscheidung gerechtfertigt werden muß, von der sie aber auch mitgetragen wird.

Bei Petersen ist das Können als Voraussetzung für den Gebrauch von Freiheit deutlich formuliert. Im Erwerb des Könnens erlebt der Mensch "den Vorgang der Entstehung von Freiheit. Freiheit ist überhaupt nichts, das mit einem Male da ist, sondern etwas, das im Leben des Menschen, und zwar von jedem einzelnen zuletzt einzig und allein durch ihn selber geschaffen werden und sich entfalten kann." (Petersen 1931, S. 128) Das geschieht, indem Widerstände beseitigt sowie Kraft und Können ausgebildet werden. Es ist besonders die Kraft des Denkens und die Art, wie der Mensch sein Denken benutzt, die Freiheit bringen, freilich nur eine der Arten des Freiheitserlebens.

Jeder muß auf der Basis seines Freiheitsgefühls und seines Könnens, das dieses Gefühl in praktische Arbeit ummünzen kann, einen Radius seines Freiraums schlagen. Generell wird dieser Radius beim jungen Schüler noch klein sein und sich allmählich verlängern, so daß sich der Erziehungsprozeß in ständig sich erweiternden Freiräumen vollzieht. Die größer werdenden Freiräume sind das Ergebnis des ungestümen Vordrängens des Individuums bei seinen "tastenden Versuchen" (Freinet) beim Erobern der Umwelt ebenso wie des verantwortlichen Freilassens des Lehrers und der Ansprüche und Hilfen der Gruppe. "Der eine gebraucht die Kraft des anderen" (Petersen 1931, S. 131), wie von Anfang an in der inneren Anschauung das Du mit umspannt wird.

Bereits 1904 hatte Hugo Gaudig (1860 - 1923) freie geistige Schularbeit als ein allen Unterricht durchziehendes Prinzip mit dem Ziel gefordert, "die Individualität in der Arbeit und durch die Arbeit immer mehr zur Persönlichkeit" ausreifen zu lassen. (Gaudig 1922, I/88) Diese "Persönlichkeit wird gewonnen durch Selbstsetzung, und zwar auf das Ideal der eigenen Individualität hin; dieses Ideal aber wird gewonnen durch Auseinandersetzung zwischen der Individualität und den die Lebensgebiete beherrschenden Normen." (Gaudig in Reble 1979, S. 121) Deutlich hebt Gaudig hervor, daß Freiheit immer des

Könnens und der Fähigkeit bedarf, wenn sie nicht über Resignation und Chaos in eine neue Unfreiheit umschlagen soll. Wenn aber die "Kräftegruppen, die funktional bei der Arbeit auf den einzelnen Arbeitsgebieten zusammenwirken" (Gaudig 1922, I/91), geschult werden und der Schüler die in den einzelnen Disziplinen anzuwendenden Arbeitsmethoden selbständig handhaben lernt, ist jeder Schüler, gleich welcher Schulart, zu freier selbständiger geistiger Arbeit fähig.

Der Schüler wird frei von der Lenkung durch den Lehrer, von dessen Motivation, Zielangabe, Kontrolle der Arbeitsschritte, Oberprüfung des Gesamtergebnisses.

Und er wird frei für die eigene Zielsetzung, das Projektieren des Arbeitsweges, für die Wahl zwischen Alternativen, frei - und das meint fähig - für die selbständige Ergebniskontrolle. Es ist eine Freiheit, die von der Klasse gemeinsam wahrgenommen wird (z. B. bei völlig selbständigen Bild- und Textinterpretationen der Schülerinnen), aber, wenigstens bei Hausaufgaben und generell außerhalb der Schule und nach der Schulzeit, auch die Fähigkeit zur Freiheit eines jeden einzelnen sein muß und mit dieser Befähigung des einzelnen zu selbständiger geistiger Arbeit den Bildungsprozeß und die Persönlichkeitsbildung nicht mit dem Ende der Schulzeit abbrechen läßt. Daß diese Befähigung zur freien geistigen Arbeit Jungen und Mädchen in gleicher Weise betrifft, war für Gaudig, der in der Mädchenbildung tätig war, selbstverständlich.

Wie stark Gaudigs Gedanke von freier geistiger Tätigkeit die gesamte Schularbeit durchziehen kann, wird bereits in seinen "Didaktischen Ketzereien" aus dem Jahre 1904 deutlich. Da wird allgemein von "freier Bildung" (S. 33), "freier Arbeit" (S. 47) oder "freierer Tätigkeit" (S.54) ausgegangen. Es heißt auch "freitätiges Arbeiten" (S. 55) oder "freiere Arbeitsweise" (S. 57). Das "freie Gedankenspiel" (S. 22) wird gefordert und ganz praxisbezogen "freiere Übung im Erzählen" (S. 46), "freie Lesearbeit" (S. 76 f.), "freiere Aufsätze" (S. 15) oder "häusliche Arbeiten als freie Arbeiten" (S. 66) und "freie Hauslektüre" (S. 34). Immer wieder wird "Selbstbildung" verlangt (z. B. 32, 50), auch "Selbsttätigkeit" (z. B. 3, 32, 57), "Eigentätigkeit" (S. 14) und "Selbständigkeit" (S. 57). Die "Selbstkorrektur des Aufsatzes" (S. 7) wird gefordert und ganz allgemein die "Fähigkeit zur Selbstprüfung" (S. 92). Auch heute noch bleiben die meisten Schulen weit hinter Gaudigs Forderungen zurück, die er selbst, zusammen mit Lehrerinnen und Lehrern seines Kreises, bereits in den ersten Jahrzehnten dieses Jahrhunderts in praktische Schularbeit umsetzen konnte. (Siehe: Hugo Gaudig (Hrsg.), Freie geistige Schularbeit in Theorie und Praxis; Lotte Müller, Umstellung auf freie geistige Schularbeit)

Nach meiner Ansicht müssen Gaudigs Ideen in Petersens Vorstellungen vom freien Arbeiten in pädagogischen Situationen einbezogen werden und eine Synthese mit Kerschensteiners Überlegungen zum Bildungswert der manuellen Arbeit eingehen, um eine optimale Basis für den freien Bildungserwerb in der heutigen Schule zu schaffen. Auch für Kerschensteiner, das wird gelegentlich übersehen, ist ja selbständige geistige Arbeit das wesentliche Merkmal der Arbeitsschule. Kerschensteiner hat aber, über Gaudig hinausgehend, richtig erkannt, daß die manuelle Arbeit vorzüglich zur geistigen Arbeit anregen kann. (Vgl. Kerschensteiner 1966/68, II/S. 44)

Bei der Erstellung und dem Einsatz von didaktischen Materialien folgen wir in Freiburg diesem Gedanken, daß die empirische Prüfung des Denkweges an den von Schülern in praktischer Arbeit zusammengebauten Materialien die freie geistige Arbeit vorbereitet und stützt. (Vgl. Potthoff 1990 I, S. 68 ff.) Die Forderung, Denken und Tun miteinander zu verbinden, ist natürlich viel älter und hat in Goethes "Wilhelm Meisters Wanderjahre" eine immer noch gültige Formulierung gefunden: "Denken und Tun. Tun und Denken, das ist die Summe aller Weisheit, von jeher anerkannt, von jeher geübt, nicht eingesehen von einem jeden. Beides muß wie Aus- und Einatmen sich im Leben ewig fort und hin und wider bewegen; wie Frage und Antwort sollte eins ohne das andere nicht stattfinden. Wer sich zum Gesetz macht, was einem jeden Neugeborenen der Genius des Menschenverstandes heimlich ins Ohr flüstert, das Tun am Denken, das Denken am Tun zu prüfen, der kann nicht irren; und irrt er, so wird er sich bald auf den rechten Weg zurückfinden." (2. Buch, 9. Kapitel)

Kerschensteiners Forderung aus dem Jahre 1906 "Bewegungsfreiheit dem Lehrer und Bewegungsfreiheit dem Schüler!" ist, neben Gaudig und Petersen, verstärkt von Freinet erhoben worden. Kerschenstei-

ner meint: "Diese Bewegungsfreiheit wird nicht nur das praktische Schaffen fördern, sie wird auch das Gefühl der Verantwortlichkeit erwecken, zumal wenn wir uns entschließen, sie nicht bloß auf dem Gebiete der Lehrpläne zu gewähren, sondern auch in den noch überall zu schaffenden Einrichtungen für die Charakterbildung und für die aktive Teilnahme der Schüler an der Fürsorge für die geistigen, moralischen und materiellen Interessen ihrer Mitschüler." (Kerschensteiner 1966/68, II/S. 24)
Célestin Freinet (1896 - 1966) sagt: "Um sich zu bilden, genügt es nicht, daß das Kind jeden Stoff in sich hineinfrißt, den man ihm mehr oder weniger spannend serviert: es muß selbst handeln, selbst schöpferisch sein. Und es muß vor allem in einer angemessenen Umgebung leben können..." (Freinet 1980, S. 25) Dazu wird, wie auch bei Montessori und anderen Reformpädagogen, die Rolle des Lehrers und des Schülers neu definiert. "Das Kind muß sich selbst erziehen, sich selbst bilden, mit der Hilfe der Erwachsenen. Wir versetzen die Achse der Erziehung: im Zentrum der Schule steht nicht mehr der Lehrer, sondern das Kind." (Freinet 1980, S. 25) Aus dieser veränderten Rollensituation ergeben sich die Freiräume für das Kind, für die geistige Freiheit, die freie praktische Tätigkeit, die Freiheit der Wahl. Freinet bietet eine Fülle von Möglichkeiten für den freien Bildungserwerb an. Die Schüler schreiben freie Texte, die gedruckt werden können. Sie teilen sich ihre in einer Woche zu verrichtende Arbeit selbst ein und können dabei den verpflichtenden Lehrstoff durch selbst gewählte Aufgaben ergänzen. Sie erkunden in großer Selbständigkeit in kleinen Gruppen das Leben in der Gesellschaft, experimentieren und korrespondieren mit Klassen an anderen Orten des Landes. Besprechungen und Klassenversammlungen führen sie weitgehend in eigener Regie durch.
Auch Freinet gewährt keine Freiheit ohne Bindung. Die Bindung erfolgt durch das vom Lehrer bereitgestellte Material, das Einüben von Arbeitstechniken, die, wie wir das auch bei Gaudigs freier geistiger Arbeit gesehen haben, Sicherheit verleihen, durch die Berücksichtigung der Interessen der Mitschüler und, ähnlich wie bei Petersen, die Mitverantwortung für alles, was in der Klasse geschieht. Dabei ist Freinets Ziel, "daß das Kind in einem größtmöglichen Maße zur Entfaltung seiner Persönlichkeit im Schoße einer vernünftigen Ge-

meinschaft gelangen kann, der es dient und die auch ihm dient... (und es) einmal als Erwachsener ohne interessenbestimmte Verlogenheit mit zur Verwirklichung einer harmonischen und ausgeglichenen Gesellschaft beitragen kann." (Freinet 1979, S. 14)
Und an anderer Stelle verdeutlicht Freinet das Ziel, wenn er schreibt: "Leben, so intensiv wie möglich zu leben, liegt nicht darin letztlich das Ziel all unserer Anstrengungen? Und die Fähigkeit zum Leben so gut wie es nur irgend geht zu entwickeln, sollte das nicht die wesentliche Aufgabe der Schule sein?" (Freinet 1980, S. 25)
Jannasch-Joppich machen darauf aufmerksam, daß die Freiheit des Menschen unaufhörlich durch ihn selbst bedroht ist, indem die Gefahr besteht, daß der Mensch "in seinen ichhaften Interessen befangen bleibt" und von Gewohnheiten und Trieben gefangen ist. (Jannasch-Joppich 1966, S. 22) Nur wenn der Erzieher gemeinschaftsfördernde Unterrichtssituationen schafft und Freiheiten gewährt, kann er dem noch unsicheren und nach seiner Freiheit tastenden Kind Hilfen zu seiner Selbständigkeit geben, damit es nicht in geisttötende Verhärtungen verfällt.
Maria Montessori (1870 - 1952), in diesem Punkte mit Janusz Korczak vergleichbar, geht es zuerst um die Emanzipation des Kindes, um die Befreiung von Zwängen, die eine uneinsichtige Erwachsenenwelt ausübt. Früher waren es die " Gebräuche , die für die Masse als Dogmen galten" (Montessori 1976, S. 12), die dem Kleinkind bedauernswerte Einengung seiner Entfaltung brachten. Zudem wächst das Kind in eine Erwachsenenwelt hinein, die ihre Geräte und das Mobiliar ohne Rücksicht auf die kindlichen Bedürfnisse und Möglichkeiten herstellt und dadurch das Kind in unnötige Abhängigkeiten zwingt. Sicherlich haben sich in der Erziehung der Kinder im Vorschulalter, und das ist insbesondere Montessoris Thema, seit ihren Ausführungen große positive Umwälzungen vollzogen. Doch sind neue Zwänge aufgetreten, die den Kindern heute den Freiraum für ihre Entfaltung nehmen: die wachsende Einengung des Raumes für Spiele im Freien, die Fülle der Verbote, die unerbittlichen Zwänge des Straßenverkehrs, die verführerische Macht der Massenmedien etc.
Montessoris Gedanke, "daß wir die Schöpfer weder der inneren noch der äußeren Formen des Menschen sind" (Montessori 1976, S.

15), hat sich in der Erziehung nur bedingt durchgesetzt. Nach Montessoris Ansicht "wäre keine Freiheit in der Entwicklung vorstellbar, wenn das Kind nicht von Natur aus zu einer spontanen organischen Entwicklung fähig wäre, wenn es das Suchen der Kraft (die Entfaltung der latenten Kräfte), die Eroberung der notwendigen Mittel zu einer natürlichen harmonischen Entwicklung nicht gäbe." (Montessori 1976, S. 71 f.)

Das sind Vorstellungen, die in der Nachfolge Rousseaus von zahlreichen Reformpädagogen ähnlich geäußert worden sind, von Ellen Key, Berthold Otto z. B. Montessori vertritt die extreme pädagogische Richtung eines von der Natur vorgegebenen inneren Bauplans des Menschen, dem der Erzieher Freiräume zu seiner Entfaltung geben muß, wenn auch nicht auf die Anregungen durch eine vom Erzieher gestaltete Umgebung verzichtet werden darf. Diese Vorkehrungen sind gewissermaßen "die notwendige Nahrung" (a. a. 0., S. 72), die das Kind für den sich nach inneren Gesetzmäßigkeiten vollziehenden Entwicklungsprozeß braucht. Es ist verständlich, daß diese stark biologisch orientierte Vorstellung des sich nach vererbten Gesetzmäßigkeiten entwickelnden Organismus die meiste Zustimmung für die Vorschulerziehung fand, für einen Lebensabschnitt, in dem die massiven Forderungen der Gesellschaft an den Heranwachsenden, wie sie sich etwa in den Lehrplänen manifestieren, noch weitgehend fehlen.

Wie bei allen hier genannten Pädagogen bedeutet auch für Montessori Freiheit nicht, das Kind seinen Launen zu überlassen. Freiheit ist bei ihr, und darin ist durchaus eine Verwandtschaft zu Kerschensteiners Gedanken zu erkennen, an das Gesetz der Sache gebunden. Die Dinge des menschlichen Lebens sind mit einer bestimmten Zielrichtung geschaffen worden. Wer die Zielrichtung erkennt und sich zu eigen macht und die Gegenstände entsprechend handhabt, wird innerhalb der "Zuständigkeitsfelder" dieser Gerätschaften frei zum Forschen, Experimentieren, zum einfachen Handhaben nach eigener Entscheidung. Das Kind muß also gewissermaßen zuerst die Spielregel erkennen, um dann frei agieren zu können. Eine Bindung an die permanente Führung des Lehrers würde freies Arbeiten verhindern. Eine Bindung an das Gesetz der Sache hingegen ermöglicht sinnvolle Freiheit erst. Das wird besonders gewinnbringend, wenn sich das

Kind mit einer Sache einläßt, die seinem spezifischen Entwicklungsstand, seiner "sensiblen Periode", präzise entspricht. Über anfängliches Suchen und Tasten hinausgehend wird das Kind mehr und mehr von der Sache gepackt (Roth würde sagen: In den Sog der Sache gezogen). Seine Ablenkbarkeit schwindet und macht einer hohen Konzentration Platz. Ist es ein Vorgang in Freiheit? Montessori spricht von einem freiwilligen Gehorsam, der schließlich in ein Sichhingeben an das Gute einmündet.
Auch bei Montessori ist das Lernen in Freiheit an Selbstbetätigung des Kindes gebunden, das nur im Selbsttun den Aufbau seiner Persönlichkeit als eigentliches Ziel leisten kann. Natürlich ist auch bei den anderen in diesem Kapitel angesprochenen Pädagogen Selbstbetätigung nicht in erster Linie der Vermehrung des Wissens und dem Streben nach Macht gewidmet, sondern stets dem Ziel der Menschenbildung verpflichtet, wie unterschiedlich die auch gesehen werden mag. Nie wird die Möglichkeit von Freiheit ohne Bindung postuliert. Jeder Lehrer wird entscheiden müssen, welche Bindung oder besser, welches Bündel von Bindungen er für tragfähig und unverzichtbar hält, um Lernen in Freiheit zu garantieren. Dogmatische Festlegungen nützen dabei schon deshalb nicht, weil die Heranwachsenden zunehmend selbst entscheiden werden, welche Bindungen ihnen die sichersten sind und die ergiebigsten Freiräume garantieren für die eigene Menschwerdung und das Zusammenleben in der Gemeinschaft. Deshalb müssen sie, wie der Lehrer selbst, die Pluralität der Ansätze kennen und reflektieren lernen, damit sie die Bindungen, soweit sie verfügbar sind, in freier Entscheidung eingehen können.

SCHRITTWEISE ÖFFNUNG DES UNTERRICHTS

Wenn Selbstbildungsmaterialien in ausreichender Zahl und guter Qualität zur Verfügung stehen, kann von einem Tag auf den anderen mit Freiarbeit, Lernzirkelarbeit und Wochenplanunterricht begonnen werden. (Vgl. Potthoff, Grundlage und Praxis der Freiarbeit) In Schulklassen, die stark auf die Lenkung der Lehrkraft fixiert sind und größere Freiräume noch nicht selbständig strukturieren und sinnvoll nutzen können, ist eine schrittweise Öffnung des Unterrichts zu empfehlen. Folgende Schritte, deren Reihenfolge sich durch die jeweilige Klassensituation bestimmt, haben sich bewährt und können auch die Freiarbeitsstunden ergänzen, die ja nur für bestimmte Phasen des Lernens die ideale Unterrichtsform sind.
Grundsätzlich kann die schrittweise Öffnung bei jeder Phase des Unterrichts ansetzen.

A EINBEZIEHUNG DER SCHÜLER IN DIE UNTERRICHTSPLANUNG

Einen Unterrichtsstoff nach didaktischen Kriterien auswählen, ihn gliedern und der Lernfähigkeit einer Lerngruppe entsprechend ummodeln kann nur, wer den Überblick über den Stoff, Kenntnisse über das Aufnahmevermögen der Lernenden und didaktisch-methodisches Geschick besitzt: die Lehrkraft. Eine Ausnahme davon bilden Projekte mit einem von den Schülerinnen und Schülern sinnlich erfahrbaren Handlungsziel oder besonderen Problemstellungen, von denen sich die Lernenden stark angesprochen fühlen. In anderen Fällen des Lernens ist aber wenigstens eine partielle Einbeziehung der Jungen und Mädchen in die Planungs-Verantwortung möglich.

1. MATERIALSAMMLUNG

In den Sachfächern oder in Deutsch, Geschichte, Religion etwa kündigt die Lehrkraft die Unterrichtseinheit, die eine Klasse in ca. 4 Wochen beschäftigen wird, zu Beginn einer Unterrichtsstunde an und bringt dabei ein entsprechendes Themenschild an der Pinnwand an. Sie bittet die Schüler, alles, was sie zu diesem Thema in Zeitungen und Büchern finden, mitzubringen und auszuhängen. Natürlich können auch Zettel mit Fragen angeheftet und, falls das bei der Thematik möglich ist, Gegenstände mitgebracht werden, die auf einem Ausstellungstisch gesammelt werden.
Wenn das Verfahren für die Klasse neu ist, bedarf es vielleicht eines zweiten Appells - oder die Lehrkraft bringt selbst die ersten Zeitungsausrisse mit, um die Jungen und Mädchen zum Sammeln anzuregen. Falls sich die Pinnwand füllt, wird geordnet, und es bilden sich bei den Schülerinnen und Schülern oftmals deutliche Interessen heraus, schon ehe mit der systematischen Bearbeitung des Themas begonnen wird.

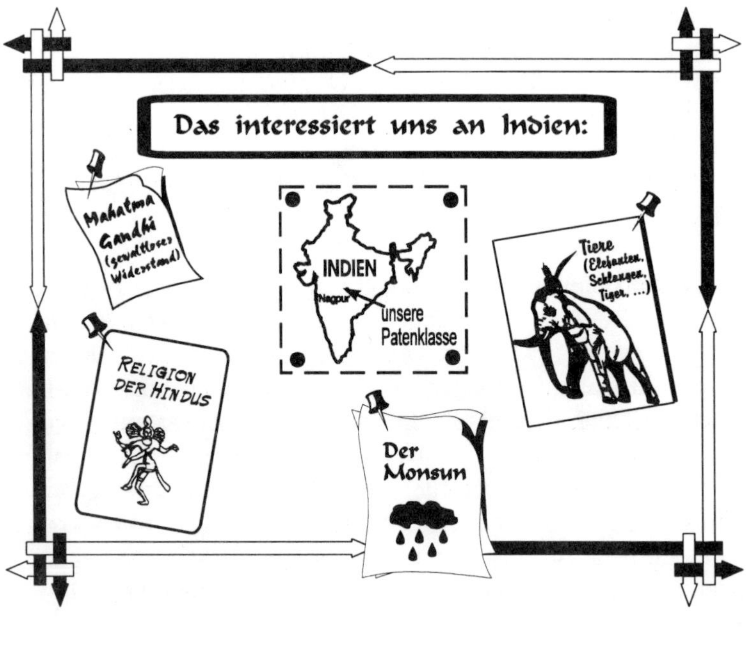

2. VORWISSEN EINBEZIEHEN

Bei der Vorbereitung der Unterrichtseinheit schreibt die Lehrkraft das gesamte Wissen, das im Idealfall nach Beendigung der Arbeit an dem Thema bei den Lernenden vorhanden sein soll, in Form von Begriffen, Merksätzen, Formeln, historischen Daten etc. auf kleine Kärtchen. Jede Schülerin und jeder Schüler zieht vor Beginn der Arbeit an dem jeweiligen Thema eines der verdeckt angebotenen Kärtchen. Es wird kurz Gelegenheit zum Tauschen der Kärtchen gegeben, damit möglichst viele Schüler ein Stichwort, einen Merksatz o. dgl. bekommen, zu denen ihnen etwas einfällt. Der Reihe nach wird vorgelesen, was auf dem gezogenen oder eingetauschten Kärtchen steht. Falls jemand dazu einen kleinen Kommentar geben kann oder eine Frage äußern möchte, geschieht das. Es kann aber auch einfach vorgelesen werden, was auf dem Kärtchen steht, ohne sich dazu zu äußern. Niemand erwartet schließlich, daß man das bereits weiß, was ja erst gelernt werden soll.
Die Lehrkraft heftet anschließend sämtliche Kärtchen an die Pinnwand und weist darauf hin, daß jeder nun wisse, was in dem Fach in den nächsten zwei oder drei Wochen erarbeitet werden müsse.
Das Verfahren hat eine hohe Motivationswirkung. Viele Jungen und Mädchen beginnen in Nachschlagewerken, Fachbüchern oder Archiven zu stöbern, um zu dem Text "ihres" Kärtchens weitere Informationen zu erhalten. Noch häufiger konnte beobachtet werden, daß Fragen zu der Thematik formuliert und angeheftet wurden, so daß sich der Unterricht zunehmend an den Lernbedürfnissen der SchülerInnen orientieren konnte.
Von der Lehrkraft verlangt das Verfahren eine hohe Selbstdisziplin. Lehrkräfte sind es gewohnt, auf Fehler zu achten und Falsches zu korrigieren. Das zuerst von den Lernenden geäußerte Vorwissen ist aber verständlicherweise häufig unvollständig oder direkt falsch - und darf in der Startphase doch nicht korrigiert oder auch nur von der Lehrkraft ergänzt werden, wenn die Lust am Selberfinden, die Chance zum Umstrukturieren bei allen erhalten bleiben soll.
Am Ende der Unterrichtseinheit können die Kärtchen wieder verteilt werden. Nun werden natürlich von jedem Schüler und jeder Schülerin richtige Aussagen zu den gezogenen Kärtchen erwartet.

3. ARCHIV

Die Klasse baut ein eigenes Archiv mit Texten und Bildern auf, die von den Schülerinnen und Schülern in Zeitungen, Zeitschriften u. dgl. entdeckt werden. Das Archiv kann fachspezifisch oder fächerübergreifend angelegt werden, bedarf aber in jedem Fall einer strukturierenden Gliederung.
Die Jungen und Mädchen entscheiden selbst, was eingestellt werden soll, passen ihre Beiträge aber dem äußeren Format an, auf das sich die Klasse geeinigt hat. Die Verwalter des Archivs oder, wenn es einen größeren Umfang angenommen hat, der einzelnen Sparten werden gewählt. Sie legen ein Register an und vervollständigen es regelmäßig.

4. SAMMLUNG

Die traditionellen Sammlungen der Schule, die das Anschauungsmaterial der einzelnen Fächer aufnehmen, werden durch eine klasseneigene Sammlung ergänzt, die von den Jungen und Mädchen selbst bestückt und verwaltet wird. Was in der Lebenswelt der Kinder oder Jugendlichen für interessant befunden wird, kann mitgebracht, mit einem kurzen schriftlichen Kommentar versehen und in die dafür vorgesehenen Regale, Vitrinen o. dgl. eingestellt werden.

5. OFFENE FRAGEN

Sobald der Unterricht in einzelnen Phasen geöffnet wird, zeigt sich, daß die Fragelust der Schüler, in der sich ja das Interesse an der Welt und ihren Problemen äußert, auch in der Gegenwart sehr groß ist. Viele dieser Fragen sind so wichtig, daß sie Gegenstand des Unterrichts werden müßten, ohne daß dazu im Augenblick Gelegenheit besteht. Solche Fragen werden in das "Buch der offenen Fragen" geschrieben. Diese Aufzeichnungen helfen der Lehrkraft, sich bei der Vorbereitung des Unterrichts auf die Interessen und die Fragehaltungen der Schüler einzustellen. Sie zeigen aber auch den einzelnen Schülern, wer ähnliche Fragen hat wie sie selbst und vielleicht an einer gemeinsamen Klärung in einer Arbeitsgruppe interessiert ist.

B SCHÜLERORIENTIERTE ANFANGSPHASEN

1. PERSÖNLICHE PROBLEME HABEN VORRANG

Am Lernprozeß ist ja nicht nur der Intellekt des Kindes beteiligt, sondern es ist immer die ganze kleine Persönlichkeit mit ihren Freuden und Ängsten, mit ihrem Wohlbefinden oder ihrer Krankheit, mit ihrer Zuversicht oder Verzagtheit, mit ihrem sicheren Können oder dem Unverstandenen, mit ihrer Zuneigung oder ihrem Haß, die da lernt. Wer das als Lehrkraft bedenkt, wird vor dem Einstieg in den eigentlichen Lernprozeß wenigstens die schlimmsten Blockaden abbauen helfen, die erfolgreiches Arbeiten verhindern.
So fragen manche Lehrkräfte zu Beginn der Stunde: "Wer hat ein persönliches Problem, das vorab angesprochen werden muß?" und "Wer hat ein sachliches Problem?"
Natürlich lassen sich die meisten persönlichen Probleme nicht schnell lösen. Aber es kann gut tun, wenn man sagen kann, daß man sich z. B. von Mitschülern oder der Lehrkraft ungerecht behandelt fühlt, und die Zusicherung für eine Aussprache erhält.
Und es hat ja oftmals keinen Sinn, mit der Vermittlung neuen Stoffes zu beginnen, solange das zuvor Bearbeitete unverstanden ist. Da ist es wichtig, daß die Schüler ihre auf den Stoff bezogenen Lernprobleme zu Beginn der Stunde äußern können.

2. IN ANFANGSKREISEN LERNATMOSPHÄRE SCHAFFEN

Anfangskreise, die in den meisten Grundschulklassen selbstverständlich sind und zunehmend auch in der Sekundarstufe praktiziert werden, stärken nicht nur das Gemeinschaftsgefühl der Klasse, sondern verbessern auch deutlich die Konzentrationsfähigkeit und wecken die Bereitschaft zum Sich-Öffnen. Diese Phasen, in denen manche Querelen plötzlich nebensächlich erscheinen und ohne Leistungsdruck agiert werden kann, können oftmals von den Schülerinnen und Schülern selbst gestaltet werden.
Das Spektrum an Möglichkeiten für die Gestaltung von Anfangskreisen reicht von Liedern und Gedichten über das Vorstellen von Büchern hin zu vertrauensbildenden Spielen, zu Konzentrationsübungen

und zu den verschiedenen Formen der Meditation, so daß die unterschiedlichsten Schülerinteressen in die Gestaltung dieser Situationen eingebracht werden können.

VERSCHIEDENE ARTEN VON ANFANGSKREISEN

1. Gebete / Meditationen (Bildmeditation, Musikmeditation, freie Meditation)
2. Lieder / Rhythmus (z. B. rhythmische Übungen in Verbindung mit Musik)
3. Klassenkorrespondenz
4. Expertenberichte (Schüler als Experten)
5. Aktuelle Minuten (Ereignisse am Ort, in der Region, überregional)
6. Bücher vorstellen
7. Probleme ansprechen
8. Konzentrationsübungen / Spielerische Formen (vertrauensbildende Spiele, Kim-Spiele, Kreisspiele, ...)

C FÜHREN UND FREIGEBEN

So sehr wir wünschen, daß die Schülerinnen und Schüler lernen, sich selbst Ziele zu setzen, den Weg zum Ziel hin zu planen, das eigene Vorgehen zu reflektieren, zu kontrollieren und zu beurteilen, können wir bei zahlreichen Unterrichtsthemen doch nicht auf eine Hinführung der Lerngruppe an wichtige Problemstellungen verzichten. Wenn wir uns dieser Aufgabe entziehen, lenken u. U. gesellschaftliche Kräfte das Interesse der Kinder und Jugendlichen, die weniger die sachliche Information und Bildung der Jungen und Mädchen, als vielmehr ihren eigenen Profit im Visier haben. In einem reformpädagogisch orientierten Unterricht wird die Lerngruppe deshalb auf wichtige Lernsachen aufmerksam gemacht, an Problemstellungen herangeführt, informiert, wo das erforderlich ist, und zum selbständigen Lernen freigegeben, wo das aufgrund des Wissens und Könnens der einzelnen SchülerInnen möglich ist.

1. INFORMIERT WERDEN UND EINSICHT GEWINNEN

Es ist ein Kardinalfehler des traditionellen Unterrichts, daß auch an den Stellen informiert, erklärt und gelehrt wird, wo die Schülerinnen und Schüler sich eine Meinung bilden oder Einsicht gewinnen müssen, und für diese Prozesse keine Zeit gelassen wird.
Eine der sinnvollsten Öffnungen des Unterrichts besteht deshalb darin, das Lehrer-Schüler-Gespräch immer wieder für eigenständige Denkakte zu unterbrechen. Das können zwei oder drei Minuten sein, in denen alle das bis dahin gemeinsam Erarbeitete und Erörterte einzeln oder zusammen mit einem Partner durchdenken, besser verstehen und zu neuen - nun eigenen - Fragen kommen. Solche Zäsuren müssen aber vor allem dann eingelegt werden, wenn die Lehrkraft die Lerngruppe an einen didaktischen Ort geführt hat, von dem aus die Gesamtproblematik für jeden zu erkennen ist. Wenn nun geeignetes Lernmaterial zur Verfügung steht, bringen individuelle Sachauseinandersetzung, Partner- und Kleingruppenarbeit weitaus höheren Lerngewinn als jede noch so geschickte Erläuterung durch die Lehrkraft.

2. EIN INDIVIDUELLES LERNTEMPO ERMÖGLICHEN

Erfahrene Lehrkräfte wissen seit langem, daß jeder Mensch sein eigenes Lebens-Grundtempo hat, in dem er lernen und arbeiten muß, wenn Überforderung und Unterforderung vermieden werden sollen. Gerade auf diesem Sektor liegen ganz erhebliche Vorteile des freien Arbeitens gegenüber dem frontalen Fortschreiten der gesamten Lerngruppe. Wer Stunde um Stunde durch ein zu schnelles Vorangehen der Lerngruppe überfordert ist, fühlt sich zum oberflächlichen Lernen verurteilt, resigniert, schaltet ab und entwickelt Aggressionen. Der negative Zustand verschärft sich permanent, weil zunehmend auch die Wissens- und Könnensbasis fehlt, die für das Verstehen des Neuen unverzichtbar ist. - Wer sehr oft unterfordert ist, empfindet Langeweile, sucht sich selbst Beschäftigungen, die den Unterrichtsablauf stören, verliert das Interesse am Thema und wird unkonzentriert.
Beim freien Arbeiten können die Denkprozesse der einzelnen SchülerInnen hingegen besser ausreifen, so viele Übungsdurchläufe vollzogen werden, wie es zur Festigung des jeweiligen Wissens erforderlich ist, und damit Erfolgserlebnisse eintreten, die ein wichtiger Motor für alles weitere Lernen sind.

3. FUNDAMENTUM UND ADDITUM UNTERSCHEIDEN

Wir müssen damit aufhören, Unterricht als einen "Einheitsbrei" zu verstehen, in dem alles gleich wichtig ist. Natürlich wäre es zu begrüßen, wenn sämtliche Kinder und Jugendlichen alles lernen würden, was die Lehrpläne vorsehen - und auch das ist ja nur eine bescheidene Auswahl dessen, was in unserer Welt für die Heranwachsenden interessant und für ihr künftiges Leben wichtig sein kann. Wer seine Augen nicht völlig vor der Realität verschließt, weiß um die Grenzen des hohen Anspruchs.
Wir sollten deutlich zwischen einem unverzichtbaren Basiswissen, dem Fundamentum, und dem auch noch wünschenswerten Wissen, dem Additum, unterscheiden. Das Basiswissen bildet in jedem Fach die Grundlage zum Verständnis des weiterführenden Wissens. Ohne das jeweilige Basiswissen dauert die Aufnahme des weiterführenden

Wissens, das später zum Teil auch wiederum Basiswissen wird, unverhältnismäßig lange, erschwert das Verständnis des Neuen oder macht es sogar unmöglich. Wenn zu einem guten Basiswissen die Beherrschung von Grundfertigkeiten tritt, die letztendlich in die Beherrschung der jeweiligen fachspezifischen Methoden einmündet, ist die Möglichkeit zum selbständigen Wissenserwerb der Kinder und Jugendlichen gesichert. Für das Erlernen und für die gründliche Einübung des Basiswissens und der Grundfertigkeiten erhält jeder Lernende soviel Zeit wie er braucht. Hier entsteht dann ein Fundament, das dafür sorgt, daß den Schülern das Lernen und den Lehrkräften das Lehren leicht fällt und wieder Spaß macht.
Darüber hinaus, im Bereich des Additum, wird es dann innerhalb eines Klassenverbandes große Unterschiede in der Art des zusätzlichen Wissens, das sehr stark von den individuellen Interessen abhängig sein wird, in seiner Quantität und seiner Qualität geben. Das wird bei gemeinsamen Lernaktivitäten dann von allen als großer Reichtum empfunden und den unseligen Trend zum Einander-Überflügeln abbauen; denn jede und jeder ist auf bestimmten Gebieten besonders beschlagen und kann von den anderen befragt werden - und kann nicht umhin, selbst andere zu befragen, wenn es um deren Spezialgebiete geht.

FUNDAMENTUM: Basiswissen, das alle SchülerInnen solange üben, bis jede(r) es gut beherrscht.

ADDITUM: Spezialwissen, das sich an den Interessen der einzelnen SchülerInnen orientiert und von SchülerIn zu SchülerIn sehr unterschiedlich sein kann.

D ALTERNATIVE LERNFORMEM ERMÖGLICHEN

1. ALTERNATIVE THEMEN

Viele Lernziele lassen sich über die Arbeit an unterschiedlichen Themen erreichen, und die Lehrpläne legen durchaus nicht immer die Themen fest. Im allgemeinen entscheidet die Lehrkraft aufgrund der Vorgaben in den verwendeten Lehrbüchern, welches Thema aus der Mehrzahl möglicher Themen ausgewählt und dann für alle Schüler der Klasse verpflichtend gemacht wird.

Wenn die Schüler aber selbständiges Arbeiten gelernt haben und die bei der Bearbeitung eines Stoffes anzuwendenden Arbeitstechniken beherrschen, müssen sie keineswegs alle auf dasselbe Thema festgelegt werden. Vielmehr kann ihnen ermöglicht werden, innerhalb eines Rahmenthemas ihrem Interesse entsprechend an unterschiedlichen Themen zu arbeiten, wie das bei der Gruppenarbeit nach dem Jena-Plan selbstverständlich ist (vgl. Dietrich 1986, S. 76 ff.), und dabei doch dasselbe Lernziel zu erreichen.

Wir folgen hier dem Gedanken des exemplarischen Lernens, dem ja die Erkenntnis zugrunde liegt, daß das an einem Exemplum erkannte Grundlegende auf eine Reihe ähnlich gelagerter Fälle übertragen werden kann. Die Diskussion in der pädagogischen Literatur darüber, welches für die Schüler einer bestimmten Altersstufe der für den Unterricht geeignete Beispielsfall ist, geht von einem Durchschnittsschüler aus und verstellt den Blick dafür, daß für die Schüler einer Klasse wegen ihrer unterschiedlichen Lerngeschichten und ihres unterschiedlichen Interesses auch unterschiedliche Fälle Beispielsfälle werden können.

So lassen sich im Deutschunterricht der Sekundarstufe z. B. die Kennzeichen der Kurzgeschichte an ganz unterschiedlichen Kurzgeschichten herausarbeiten. Weshalb sollte hier nicht den spezifischen Interessen der Schüler gefolgt werden?

2. ALTERNATIVE INTERPRETATIONSFORMEN

Immer noch verpflichten viele Lehrkräfte ihre Schülerinnen und Schüler auf die verbale Form des Interpretierens als einzige Interpretationsmöglichkeit. Natürlich müssen alle Jungen und Mädchen diese Form gründlich kennen und handhaben lernen. Ihnen sollte aber auch die Möglichkeit eingeräumt werden, den Text durch selbstgefundene Musik, durch einen selbstentwickelten Tanz, entsprechende Bewegung, durch Malen und Formen oder Auswendiglernen zu interpretieren. Versuche mit Sekundarstufenklassen haben gezeigt, daß die Lernbereitschaft vieler Schüler deutlich zunimmt, wenn sie die ihnen gemäße oder die von ihnen auf den Text bezogen geeignet erscheinende Interpretationsform frei wählen konnten. Wir kommen mit diesem Verfahren den Interessen der Schülerinnen und Schüler entgegen und schöpfen den Reichtum des Textes auch besser aus.

3. FREIE TEXTE

Celestin Freinet hat gezeigt, über welchen sprachlichen Reichtum Schüler verfügen und zu welcher Ausdruckskraft sie fähig sind, wenn sie ihre Aufsätze nicht auf Anordnung, sondern aus eigenem Antrieb schreiben. (Vgl. Freinet, Die moderne französische Schule, S. 184 ff.) Bei seinem Verfahren der "freien Texte" soll jeder Schüler wöchentlich wenigstens einen Aufsatz schreiben, dessen Thema er selbst bestimmt. Die Klasse wählt dann jeweils einen der Aufsätze zum Drucken mit der eigenen Druckerei aus, so daß im Laufe des Jahres vielseitige eindrucksvolle Geschichtenbücher entstehen.
Freinet erkennt, daß die Schüler auch lernen müssen, zu vorgegebenen Themen zu schreiben. Das erreicht er mit seiner Klassenkorrespondenz, bei der die Schüler einer Partnerklasse des eigenen Landes zahlreiche Fragen zu den unterschiedlichsten Bereichen stellen und damit eine hohe Motivation zur Befassung mit den verschiedensten Sachverhalten und zum schriftlichen Ausdruck schaffen.
Wer die heutige Praxis der Lehrer beobachtet, die mit "freien Texten" arbeiten, kann sich leicht von dem hohen Wert dieser Arbeit für den muttersprachlichen Unterricht überzeugen. Natürlich klaffen auch hier gelegentlich Ideal und Wirklichkeit auseinander. Nicht jede Schülerin und nicht jeder Schüler hat überhaupt das Bedürfnis zu schreiben. Deshalb wird in manchen Klassen die Blättersammlung "Schreib los!" zur Motivation eingesetzt, bei der Bilder und

Reizwörter zum Schreiben anregen sollen.
Der grundsätzliche Wert des Verfahrens der "freien Texte" wird nicht gemindert, wenn die Lehrkraft den Schülern, denen nichts einfällt, worüber sie schreiben können, Aufgaben anbietet. Wolfgang Metzger hat in seinem Buch "Schöpferische Freiheit" wohl richtig gesehen, daß man den Schülern keinen Gefallen tut, "wenn man sie nötigt, sich Einfälle abzuquälen." (S. 82) Auch bei großen Meisterwerken der Musik und der Bildenden Kunst, an denen wir die überwältigende Kreativität der Künstler bewundern, handelt es sich in zahlreichen Fällen um Auftragsarbeiten. Wegen der Lehrplanforderungen wird die Lehrkraft ohnehin häufig das Thema stellen müssen. Aber sie kann oftmals wenigstens Alternativthemen anbieten und in manchen Fällen Einfälle der Schüler berücksichtigen und damit den Unterricht partiell öffnen.

4. SCHÜLER/INNEN ALS EXPERTEN

Die an Selbstbildungsmaterialien orientierte Freiarbeit kann durch ein Verfahren ergänzt werden, bei dem die Schülerinnen und Schüler "Experten" für sie besonders interessierende Bereiche werden. Dabei hilft die Lehrkraft, innerhalb des Lehrplans, aber auch weit darüber hinausgehend Lebensbereiche auszumachen, für die einzelne Schülerinnen oder Schüler ein besonderes Interesse zeigen. Innerhalb dieser Lebensbereiche werden Arbeitsaufgaben definiert, mit denen sich die Jungen und Mädchen allein oder in einer Kleingruppe einige Zeit befassen wollen. Die Schüler arbeiten selbstverantwortlich an ihrem Thema während der Freiarbeitsstunden, in Leerlaufphasen des Unterrichts und außerhalb der Schule. Sie bringen den übrigen Schülern der Klasse ihre Arbeitsergebnisse zur Kenntnis, wenn sie ihre Arbeit für abgeschlossen halten. Das kann in Form von Berichten, graphischen Darstellungen, Bildern, Zahlenvergleichen etc. geschehen.
Wenn das Verfahren, das fachspezifisch oder fächerübergreifend durchgeführt werden kann, in der Klasse einige Zeit läuft, wird jeder Junge und jedes Mädchen Experte für einen oder mehrere Bereiche, hat hier größeres Wissen als alle anderen SchülerInnen der Klasse, kennt die Zusammenhänge besser, wird von den anderen gefragt, wenn es um Probleme des Arbeitsfeldes geht, gewinnt Zutrauen in die eigene Leistung, festigt die eigene Position in der Klasse.
Die Schülerinnen und Schüler erfahren zugleich, daß das schulische Lernen durchaus das alltägliche Leben betrifft. Wenn der Lebensbezug für jede(n) wenigstens in einem Lernbereich konkret und intensiv sichtbar wird, wächst die allgemeine Lernbereitschaft auch für jene Arbeitsfelder, in denen die Verwertbarkeit des schulischen Wissens nicht so leicht erkennbar ist. Die Bereiche, aus denen SchülerInnen ihre Experten-Themen frei wählen, können über den Rahmen des Schulcurriculum hinausgehen, im Rahmen des Lehrplans fächerübergreifend sein, ein einzelnes Fach betreffen oder sogar nur einen einzigen Arbeitsbereich eines Faches umspannen. Auch wenn generell eine große Offenheit bei der Wahl der Experten-Themen wichtig ist, werden die Anforderungen des Lehrplans doch öfter eine Begrenzung auf einen speziellen Unterrichtsbereich notwendig machen.

Von einer punktuellen Öffnung des Unterrichts auf die individuellen Interessen der Schülerinnen hin berichtet Hugo Gaudig bereits 1904. Bei der Lektüre von Dramen erfolgt zwar die Vertiefung in das Wesentliche und die Besinnung auf wichtige Zusammenhänge anhand ausgewählter Dramen im Klassenunterricht. Darüber hinaus befaßt sich aber jede Schülerin mit einem Drama ihrer Wahl, dessen Gang der Handlung sie ihren Mitschülerinnen in großen Zügen darstellt. "Alsbald aber wird diese Darstellung zum Gegenstand des Interesses aller gemacht, indem man allen das Recht der Frage und das Recht der freien Bemerkung gibt. Die Fragen und Bemerkungen weisen die Berichterstatterin auf Unklarheiten ihrer Darstellung, aber auch auf die Richtungen des Interesses ihrer Mitschülerinnen hin. Kann sie die Unklarheiten (nicht) durch sofortige Erklärungen beseitigen, so wird sie den Interessen der Mitschülerinnen gerecht, wenn sie bei späteren Gelegenheiten nach ihrer Wahl über dies und das aus 'ihrem' Drama spricht. Nach ihrer Wahl . - Ich darf versichern: Von diesem Recht, über das zu sprechen, was sie selbst als wertvoll erkannt haben, machen unsere Schülerinnen gern Gebrauch; ist es doch ein Stück intellektueller Selbstbestimmung." (Gaudig 1904, S. 2 f.) Mir erscheint das Zusammenwirken von gemeinsamem Voranschreiten im Klassenunterricht und der individuellen Auseinandersetzung mit den Texten eigener Wahl wichtig. Nicht das Entweder - Oder, sondern das Sowohl-Als-Auch erschließt die Möglichkeit, berechtigte Lehrplanforderungen und berechtigte Schülerinteressen miteinander zu verbinden. Aus der Klasse wird so eine hochmotivierte Arbeitsgemeinschaft, in der jede ein besonderes Wissen hat, mit dem sie nun den gemeinsamen Gedankengang hinterfragen und bereichern kann. Die in der Schule praktizierte und von der Gruppe und der Lehrkraft korrigierte Selbsttätigkeit der einzelnen Schülerin, des einzelnen Schülers wird natürlich über das Ende der Schulzeit hinauswirken und die Jugendlichen zu kritischer Auseinandersetzung mit älteren und modernen Texten befähigen. Der Versuch, mit angelernten Kategorien neue Texte selbständig zu erschließen, wird in der Regel kläglich scheitern, wenn Textsorte und Problemstellung nicht sehr genau dem in der Schule "durchgenommenen" Schema entsprechen; zumindest weit hinter dem zurückbleiben, was junge Menschen mit selbst erworbenen und auf ihre Tauglichkeit selbst überprüften Kategorien erarbeiten können und, weil die Anwendung des eigenen Könnens Spaß macht, auch erarbeiten wollen. "Je freier die Tätigkeit beim Eingliedern und Anwenden, um so stärker wird das Gefühl sein, daß man das Erworbene besitzt als ein persönliches Eigentum." (Gaudig 1904, S. 52)

Wie können die Lehrkräfte Experten und Expertinnen unter den Jungen und Mädchen ihrer Klasse ausfindig machen?

- durch genaue Beobachtung während des Unterrichts,
- durch Gespräche, Fragen, Beobachtungen während informeller Kontakte z. B. bei Klassenfahrten und Feiern,
- über speziell arrangierte Gespräche während der Freiarbeit.

Beispiele für Expertenrollen

Mathematik:

Fachmann für Besucherzahlen bei Fußballspielen
Fachfrau für alte und ausländische Maße
Fachmann für große Zahlen (Weltraum, Staatshaushalt, Milliardenquartett)
Fachmann / Fachfrau für Zahlenrätsel
Fachmann / Fachfrau für Zinsen (Vergleich zwischen den Banken der Stadt / Zinskurven)
Fachmann / Fachfrau für das Fotografieren geometrischer Flächen

Fremdsprachen:

"landeskundliche Experten"
(Schüler, die in ein bestimmtes Land gereist sind)
kulinarische Experten
Experten für Radtouren (ins Ausland)
historische Experten

"Text-Experten":

Experten für Pop-Songs
Rätsel-Experten
Experten für Witze
Experten für Limericks

"Thema-Experten":
Sport
Handarbeiten
Tiere
Umwelt

D DIE ÜBUNGSPHASE ÖFFNEN

1. INDIVIDUALISIERUNG BEIM ÜBEN MIT HILFE VON ARBEITSKARTEIEN

Bei Klassenarbeiten in Deutsch, Mathematik oder den Fremdsprachen zeigen sich bei den Schülern stark voneinander abweichende Wissenslücken. Die unterschiedlichen Defizite sind immer nur teilweise auf die letzte Unterrichtseinheit bezogen. Sehr häufig handelt es sich um Lücken, die bereits in den vorausgegangenen Schuljahren entstanden sind und den Schülern ansprechende Leistungen unmöglich machen.
Das Durchsprechen sämtlicher Fehler mit der ganzen Klasse ist sehr zeitaufwendig und Zeitvergeudung für die Schüler, die den Sachverhalt bereits gut beherrschen. Geschieht es trotzdem, sind Langeweile bei vielen Schülern und Unruhe die fast selbstverständliche Folge.
Sinnvoll ist eine Individualisierung, bei der jede Schülerin und jeder Schüler nur in den Bereichen übt, in denen sie/er Fehler gemacht hat. Das läßt sich leicht mit Karteien durchführen, die Übungsaufgaben zu den unterschiedlichen Fehlerbereichen enthalten. Um die Arbeit effektiv zu gestalten, wird die bei der Bearbeitung der Karteikarten anzuwendende Arbeitstechnik mit der ganzen Klasse besprochen, an Beispielen vorgemacht und eingeübt. Anfangs schreiben die Lehrkräfte nach der Durchsicht der Klassenarbeit unter die Arbeit, welche Karten der Kartei der Schüler bearbeiten soll. Bald ist ein großer Teil der Schüler in der Lage, selbst die Karte auszuwählen, die bestmögliches Training für das jeweilige Lerndefizit erlaubt.
Das Verfahren erhält Eigendynamik, sobald die Schüler beginnen, die Kartei zu ergänzen. Dabei entwerfen die Jungen und Mädchen in Anlehnung an das System der Originalkartei einzeln oder in kleinen Gruppen Übungskarten für sich selbst und ihre Mitschüler. Bei diesem Arbeitsprozeß müssen die Schüler die Rechtschreib-, Sprach- oder Rechenregel erkennen und beachten und können kreativ sein beim Aufsuchen verwandter Fälle. Sie werden beim Schneiden, Beschriften und grafischen Gestalten der Ergänzungskarten praktisch tätig und betrachten die Kartei zunehmend als ihr eigenes Werk, mit dem sorgsam umgegangen werden muß.

2. FREIES ARBEITEN EINZELNER SCHÜLER

Seit langem schon haben Lehrer einzelnen Schülern, die die Methoden eines Lernbereichs gut beherrschten, die Möglichkeit zum selbständigen Üben oder selbsttätigen Wissenserwerb gegeben und dabei mit einer vorsichtigen Öffnung des Unterrichts begonnen.
So ermöglicht ein Sportlehrer zwei Jungen des 10. Schuljahres, während der Leichtathletikstunden aus dem Lauftraining mit seinen Startübungen auszuscheren, da sie das, was zu üben ist, bereits hervorragend beherrschen. Die beiden Schüler trainieren während dieser Zeit am anderen Ende des Sportfeldes Diskuswurf, dessen Technik sie in ihrem Sportverein erlernt haben.
Im Kunstunterricht einer 9. Klasse erhält ein Schüler die Erlaubnis, während der Zeit, in der die Klasse sich mit den Arbeitsbereichen Graphik und Architektur befaßt, geographische Karten zu zeichnen, wobei er es zu einer großen Meisterschaft bringt.

3. PARTNERDIKTAT

Partnerdiktate gehören in der Grundschule und in der Sekundarstufe zu den Grundelementen der Freiarbeit. Sie eignen sich auch hervorragend dazu, an selbständiges Arbeiten und sachbezogenes Miteinander-Umgehen noch nicht gewöhnte Schüler auf die Freiarbeit vorzubereiten. Das Verfahren wird von den Jungen und Mädchen leicht gelernt, jedoch nicht von ihnen selbst gefunden. Wenn wir ohne weitere Anweisung jeweils zwei Kinder gemeinsam Diktat schreiben lassen, imitiert das diktierende Kind regelmäßig den Lehrer. Es diktiert mehr oder weniger gut, sucht sorgfältig die Fehler heraus, unterstreicht sie, zählt sie zusammen und fühlt sich als Hilfslehrer.
Das alles ist aber gerade nicht gewollt, wenn wir das Partnerdiktat empfehlen. Die beiden Schüler sollen vielmehr gemeinsam Verantwortung für die Richtigkeit des geschriebenen Textes tragen. Und Rechtschreibfehler sollen im Augenblick ihres Entstehens verhindert oder sofort korrigiert werden. Ziel ist also stets der richtig geschriebene Text, der durch gemeinsame Anstrengung der Partner zustande kommt.

Indem wir das fordern, veranlassen wir die Kinder zu einer sehr hohen Konzentration. Besonders das diktierende Kind muß immer wieder sorgfältig das Geschriebene mit der Textvorlage vergleichen.
Das Verfahren wird sorgfältig eingeübt. Wenn z. B. Praktikanten zugegen sind, machen sie das Partnerdiktat als Rollenspiel vor. Sie sprechen flüsternd miteinander, lesen die Textstücke betont deutlich, machen freundlich darauf aufmerksam, wenn ein Fehler entsteht, fragen zurück, wenn sie etwas nicht verstanden haben etc. Dieses Rollenspiel wird von den Kindern, die zugeschaut haben, reflektiert. Danach versuchen alle diese Arbeit. Falls die Lehrkraft allein mit ihrer Klasse ist, wenn das Partnerdiktat eingeübt wird, beobachten die Kinder zwei Mitschüler bei ihrem Versuch und kommentieren das Verfahren.
Bei längeren Diktaten markieren wir durch einen Schrägstrich, wieviel Text bei einer Übung diktiert werden sollte. Wir versuchen, die Abschnitte so zu bemessen, daß jedes Kind etwa 10 Minuten schreibt und 10 Minuten diktiert.
Die angebotenen Diktate variieren im Schwierigkeitsgrad, so daß jedes Kind gefordert ist, ohne überfordert zu sein.
Das hier beschriebene Verfahren hat sich auch im Fremdsprachenunterricht bei Rechtschreibübungen bewährt. Natürlich muß dabei den Schülern die Aussprache der vorgegebenen Texte bekannt sein.

D DEN UNTERRICHT REFLEKTIEREN

1. ARBEITSRÜCKSCHAU

Von Zeit zu Zeit reflektieren wir gemeinsam mit unseren SchülerInnen das methodische Vorgehen in einer Unterrichtsstunde.
Die einzelnen Fächer haben zur Wiederholung und Vertiefung des im Unterricht vermittelten Wissens gute Verfahrensweisen entwikkelt. Das methodische Vorgehen im Unterricht sowie die Lernprozesse der einzelnen SchülerInnen werden hingegen nur selten von Lehrkräften und SchülerInnen gemeinsam reflektiert. Das wäre jedoch in unserer Zeit dringend erforderlich, in der die Wissensfülle

ganz erheblich größer ist, als daß sie in der Schule vermittelt werden könnte, in der Wissen schnell veraltet und neues Wissen ständig hinzukommt und an Bedeutung gewinnt, so daß die Beherrschung von Methoden zum selbständigen Wissenserwerb für jeden einzelnen außerordentlich wichtig ist. Wir bringen deshalb ein Verfahren in Erinnerung, das während der reformpädagogischen Epoche an Jena-Plan-Schulen praktiziert wurde (1927) und in unserer Zeit von Hans Aebli erneut vorgeschlagen wurde. Aebli schreibt:

"Nachdem die Klasse einen Gegenstand, also etwa eine geographische oder biologische Erscheinung, aber auch ein Bild, einen Text oder ein Gedicht unter Leitung des Lehrers betrachtet hat, halten wir eine **Arbeitsrückschau.** Es ist dies eine Repetition, die im Gegensatz zu den herkömmlichen Wiederholungen nicht auf den Inhalt ausgerichtet ist, sondern den durchlaufenen Arbeitsprozeß untersucht. Arbeitsrückschauen gleichen ... methodischen Besinnungen. Die Klasse legt sich Rechenschaft darüber ab, welche Fragen an den Gegenstand gerichtet worden sind, mit Hilfe welcher Auffassungstätigkeiten die Erscheinung erfaßt, das Problem gelöst worden ist....

Man darf sich keine Illusionen über die Leichtigkeit solcher Arbeitsbesinnungen machen. Sie sind schwieriger als die Arbeit am Gegenstand selber. Es sind sozusagen Überlegungen zweiten Grades, Besinnungen nicht mehr über eine Sache, sondern über Erkenntnisakte, die zur Erfassung der Sache geführt haben....

Sie können nicht etwa am Schluß einer Lektion angehängt und in ein paar Minuten erledigt werden. Sie sollten vielmehr die Stelle klassischer Wiederholungsstunden einnehmen, wobei die klassische Repetition, die ihren vollen Wert behält, durch diese neue Form der Besinnung ergänzt wird. " (Aebli, S. 229 f.)

Die Erfahrung hat uns gelehrt, daß einfache Formen der Arbeitsrückschau bereits in Grundschulklassen möglich sind und von den Kindern gern praktiziert werden. In Klassen, deren Arbeit sich an Freinets Vorschlägen orientiert und die Arbeit mit dem Wochenplan umfaßt, sind kritische Betrachtungen des eigenen Vorgehens und der eigenen Arbeitsleistung selbstverständlich.

2. SCHULTAGEBUCH UND "LEBENSBUCH"

Wenn wir die Schüler in die Vorbereitung des Unterrichts einbeziehen, verliert nicht nur die an Feinlernzielen orientierte Schreibtisch-Vorbereitung des Lehrers ihren Sinn, sondern auch die traditionelle Nachbesinnung, die nach dem Erreichen des Lernziels fragt. (Vgl. Potthoff 1990 I, S. 109 ff.) Viele Lehrerinnen und Lehrer, die die volle Komplexität der pädagogischen Situation ernst nehmen und Unterricht als einen von Lehrern und Schülern gemeinsam verantworteten kontinuierlichen Prozeß verstehen, sind deshalb zum Schreiben von Schultagebüchern übergegangen.

Das Schultagebuch kann ein Buch der offen gebliebenen Fragen sein und von Lehrern und Schülern gemeinsam geführt werden. Wenn im Anfangskreis, im Sachunterricht, im Unterrichtsgespräch der verschiedenen Fächer Fragen auftreten, die wegen der zu knappen Zeit, wegen anderer Zielrichtungen der Gespräche oder wegen des unzureichenden Informationsstandes der Beteiligten nicht oder nicht befriedigend geklärt werden können, werden sie in das Tagebuch geschrieben. (Vgl. auch Kretschmann / Haase 1948) Hinzu kommen Fragen, die einzelnen Schülern während der freien Arbeit oder außerhalb der Schule aufstoßen. Die Fragen werden bei passender Gelegenheit in den Unterricht einbezogen, bilden seinen Ausgangspunkt oder Kernpunkt oder finden in einem der Anfangs- bzw. Schlußkreise Klärung. (Vgl. oben "Offene Fragen")

In anderen Klassen werden neben den offenen Fragen auch Feststellungen und Meinungen der Schüler und Lehrer in das Schultagebuch geschrieben, das für alle jederzeit zugänglich ist. Die Aufschriebe ähneln dann oftmals den Bemerkungen in der von Freinet her bekannten Wandzeitung mit den Rubriken "Wir beglückwünschen", "Wir kritisieren", "Wir wünschen", "Wir haben verwirklicht" (Jörg 1979, S. 207 f.).

"Manche Freinet-Klassen führen ein Tagebuch, in dem sie jeden Tag notieren, was in der Klasse besprochen, bearbeitet und produziert wird. Auch Arbeitsblätter, freie Texte, Aufzeichnungen oder Protokolle über verschiedene Arbeiten werden hier eingeklebt. So können auch Eltern und andere Lehrer einen Einblick in die Arbeit der Klasse bekommen.

In Yence gibt es in dieser Art das 'Lebensbuch'. Jede Woche werden auf ein DIN A 3-Blatt die wichtigsten Ereignisse der vergangenen Tage, Feste, interessante Arbeiten der Kinder, Texte, Fotos oder Zeichnungen, dokumentiert, eingeklebt oder illustriert. Außerdem hat dort jedes Kind ein eigenes 'Lebensheft', in das es seine eigenen Produkte einklebt, -zeichnet oder -schreibt." (Auditor 1991, S. 68)

Das Schultagebuch kann von Lehrerinnen und Lehrern auch in epischer Breite als Reflexion des unterrichtlichen Geschehens geführt werden. Ich habe Lehrkräfte kennengelernt, die ihre Aufzeichnungen in möglichst einfacher Sprache hielten, so daß der Aufschrieb im Anfangskreis oder bei der Fortführung des Themas, bei Wiederholungen oder wenn es sonst jemand wünschte, gelesen oder vorgelesen werden konnte.

Bei älteren Schülern können Unterrichtsprotokolle in einem Schultagebuch gesammelt werden und mithelfen, die wegen des Stundenplans unterbrochene Arbeit zügig wieder aufzunehmen.

Die Texte dieses Kapitels sind in erweiterter und z. T. variierter Form und mit Übungsaufgaben versehen als Lernzirkel für LehrerInnen und StudentInnen unter dem Titel "Wege zur Öffnung des Unterrichts" beim Reformpädagogischen Verlag erhältlich.

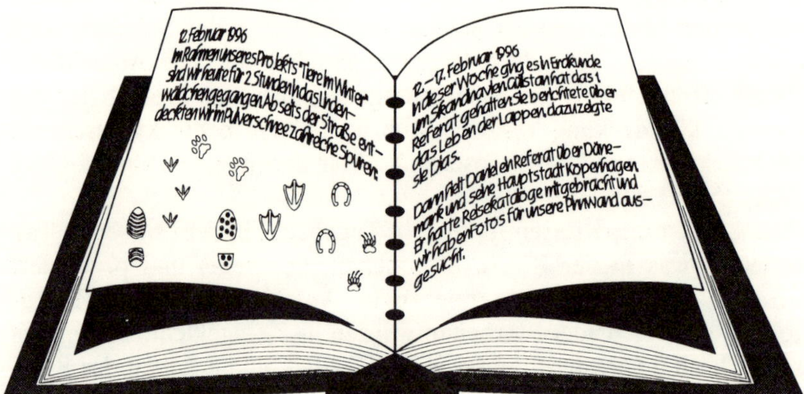

ZUR ROLLE DES ÜBENS IN DER REFORMPÄDAGOGIK

1963 schrieb Karl Odenbach in seinem Buch "Die Übung im Unterricht": "Schon dieser kurze Überblick dürfte deutlich machen, daß die Reformpädagogik auf Grund ihrer Ideen und Prinzipien einer Übung im Sinne der alten Schule ablehnend gegenüberstehen mußte. Aber es ist auch nicht zu verkennen, daß die Situation für die Entwicklung neuer Übungsformen denkbar ungünstig war." (Odenbach, S. 15)

Odenbach beurteilt die Situation nur teilweise richtig. Es stimmt zwar, daß sich die gesamte reformpädagogische Bewegung dem einseitigen Gedächtnisdrill der alten Schule widersetzte. Aber Odenbach sieht nicht, daß die Reformpädagogen auf der Basis ihres Menschenbildes und ihrer veränderten Erziehungsziele zu einem neuen Verständnis des Übens fanden, das sich in z. T. stark voneinander abweichenden Forderungen und Vorschlägen - und bei einzelnen Pädagogen auch in großer Einseitigkeit - auslegte.

Die "Wiederentdeckung der Erlebnisdimension unserer seelischen Welt" (Odenbach, S. 14) führte um die Jahrhundertwende zu dem Versuch, eine auf dem Erlebnis aufbauende Methode zu entwickeln. Im Erlebnis schien die beabsichtigte Abwendung von dem aufoktroyierten Stofflichen und die Hinwendung zum individuellen Ursprünglichen besonders ausgeprägt. Indem man dem Erlebnis des jungen Menschen zum Ausdruck verhalf, sollte das Verstehen des Erlebten angebahnt werden.

Am Erlebnis selbst gibt es nichts zu üben. Wie tief es ist, wie gut es haftet, hängt allein von der Situation ab, in der es dem einzelnen widerfährt. Schon das zu lange Darüberreden und besonders das insistierende Nachfragen kann zum Verblassen des Erlebten führen, zu einer Abschwächung der Erlebnisqualität. Eingeübt werden muß etwas anderes, von dem Lichtwark spricht, das eingehende und ausdauernde Beobachten, eine Grundhaltung dem Kunstwerk gegenüber, die sich methodischer Mittel bedient. Wenn die Grundhaltung gewonnen ist, vollzieht sich das andere, ohnehin als durch und durch individueller Prozeß gesehen, quasi von selbst.

Mit Hilfe des "Körperkonstruktionskastens" des Reformpädagogischen Verlages wird heutigen Schülern nicht nur die Konstruktion geometrischer Körper, sondern auch die kreative Gestaltung und Betrachtung eigener Kunstwerke ermöglicht.

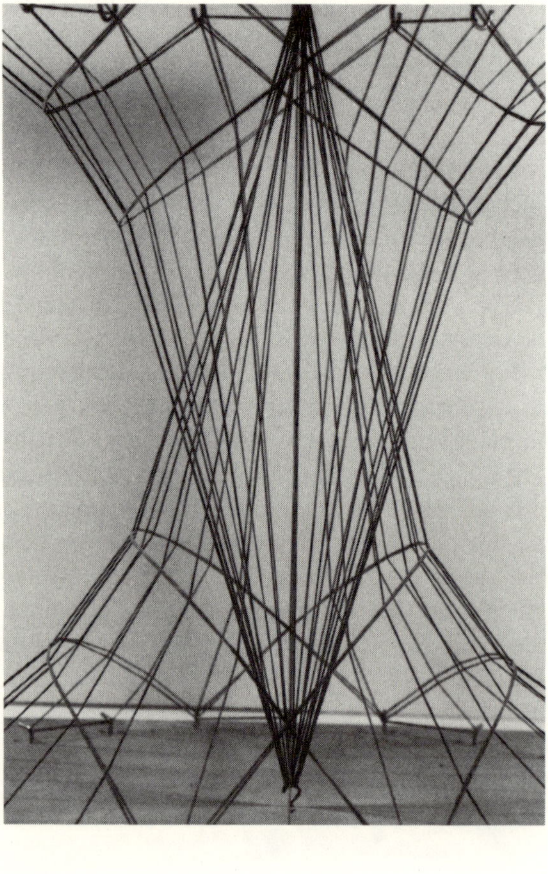

An erster Stelle steht bei der Annäherung an Kunstwerke dann das Betrachten. "Die Gewöhnung, eingehend und ausdauernd zu beobachten, und das Erwecken der Empfindung, nicht die Mitteilung oder Aneignung von Wissen, sind die Ziele der Kunstbetrachtung." (Lichtwark, S. 28) Dem Kind soll eine Ahnung aufgehen, "daß jenseits des mit dem Wort zu deckenden sachlichen Inhalts noch etwas Anderes im Kunstwerk steckt, das man nur fühlen kann, und das eigentlich die Hauptsache ist." (Lichtwark, S. 22 f.)
Ähnlichen Vorstellungen folgt Münch. Er will seinen Schülern beim Aufsatzunterricht die Möglichkeit geben, ihre subjektiven Stimmungen und Erlebnisse unter Verzicht auf vorgeschaltete begriffliche Analysen getreu niederzuschreiben. "Ich mache mit meinen Neun- und Zehnjährigen nahezu alltäglich impressionistische Übungen. Ich lasse sechs oder acht mit Stift und Papier ans Fenster des Klassenzimmers treten, lasse sie die Dinge ihrer Umwelt im freien Lichte, nicht in der Beleuchtung des Schulateliers schauen, und über das Erschaute, Auge in Auge mit der Natur, im Fensterbrette schreiben." (Münch 1908, S.97)
Solche Überlegungen, die durch die Kunsterziehungsbewegung verbreitet wurden, brachten besonders in den Bereichen Musik, Bewegungserziehung, Sprache und Kunst wertvolle Impulse für die Anregung und Freisetzung kindlicher Kreativität. Die Zielrichtung eines so verstandenen Übens hatte Lichtwark bereits Ende der achtziger Jahre des vergangenen Jahrhunderts benannt: "Übungen in der Betrachtung von Kunstwerken". Münch spricht etwas später von "impressionistischen Übungen". In beiden Fällen handelt es sich um die Einübung in eine Grundhaltung, mit den eigenen Empfindungen "natürlich" umzugehen.
Der Versuch, den gesamten Unterricht als Erlebnisunterricht zu gestalten, wie Scharrelmann und Gansberg das versuchten (vgl. Scharrelmann 1902 und 1910 und Gansberg 1902), führte zu großen Einseitigkeiten. Besser gelang die Einbeziehung des Erlebnishaften bei den "Leipzigern", auf deren Ansatz weiter unten eingegangen wird.
Eine völlig andere Zielorientierung der Übung finden wir bei Maria Montessori, die dem Kind bei der "Konstruktion seiner selbst" helfen will. Die Arbeit des Kindes an sich selbst zeigt sich bei Montessori besonders im Phänomen der Polarisation der Aufmerksamkeit.

Montessori vergleicht den Vorgang mit einem Kristallisationspunkt in einer gesättigten Lösung, "um den sich dann die gesamte chaotische und unbeständige Masse zur Bildung eines wunderbaren Kristalls vereinte." (Montessori 1976, S. 70) Dieser Vorgang vollzieht sich bei wiederholter Übung am gleichen Material. Montessori berichtet, daß sich ein Kind des Kindergartenalters trotz provozierter Störungen nicht davon abhalten ließ, ein und dieselbe Übung 44 mal in Folge zu vollziehen. (ebd.)
Montessori, die bei ihren Übungen die einzelnen Sinnesfunktionen isoliert und die zur Vervollkommnung zu bringenden Einzelleistungen aus den Gesamtzusammenhängen herauslöst, zielt natürlich nicht auf die jeweils einzelne Fertigkeit oder das Gesamt der Fertigkeiten, sondern auf den verwandelten, den "neuen" Menschen. Ihr scheint sich während der Polarisation der Aufmerksamkeit, die sie später auch als "Normalisierung" begreift, "alles Unorganisierte und Unbeständige im Bewußtsein des Kindes zu einer inneren Schöpfung zu organisieren." (Montessori 1976, S. 70) Dieser Prozeß ist nach ihrer Ansicht an sehr oft wiederholte gleichartige Übungen gebunden, deren Ablauf genau vorgeschrieben ist und eingeübt werden muß. (Vgl. dazu auch Bollnow 1978, S. 102 ff.)
Auch wenn sich in der Praxis Montessoris euphorische Behauptung "jedesmal, wenn eine solche Polarisation der Aufmerksamkeit stattfand, begann sich das Kind vollständig zu verändern" (ebd.) kaum nachweisen läßt und ihr Vergleich mit dem religiösen Phänomen der Bekehrung überzogen erscheint, ist die Bedeutung der vielfach vollzogenen frei gewählten Übung für das Kind nicht zu verkennen. Es ist ein Verhalten, das wir, völlig unabhängig von den Gedankengängen der Montessori-Pädagogik, beim Spiel des jüngeren Kindes vielfach beobachten können, das völlige Sich-Versenken in das Spielgeschehen, das Sich-Konzentrieren, Ruhigwerden. Aber in weniger strukturierten Situationen tritt neben die immer wiederkehrende gleichförmige Übung, von der Montessori ausgeht, viel häufiger die variierende Übung, und vor allem wählen die Kinder gern komplexere Sachverhalte, an denen sie sich erproben. Insofern bleibt offen, ob die von Montessori vorgenommene Festlegung auf jeweils einen bestimmten Übungsweg den inneren Bedürfnissen der Kinder entspricht.

Natürlich läßt sich das Verlangen des Kindes nach wiederholter Beschäftigung mit demselben Material auch anders deuten. Wir beschäftigen uns gern wenigstens solange mit ein und derselben Sache, bis wir sie gut "im Griff" haben, weil dieses Können Lustgefühle bei uns auslöst und unser Selbstwertgefühl stabilisiert. Im Unterricht erfährt Montessoris ursprünglicher Ansatz des Übens als Akt zum "Aufbau der Personalität" oftmals eine Verkehrung, indem der innere Drang zur Wiederholung und Vervollkommnung des Tuns als Vehikel für die Erreichung von Lernzielen genützt wird.
Otto Friedrich Bollnow hat darauf hingewiesen, daß Gedanken, die Montessoris Ansatz ähnlich sind, fast ein Jahrhundert früher von Friedrich Fröbel geäußert wurden, der bei seinen Spielgaben über vorgeschriebene Bewegungen bildende Wirkungen im Kind erzielen und ein "ahnendes Verständnis eines in der Welt verborgenen tieferen Sinnes" anbahnen wollte. (Bollnow 1978, S. 105)
Bei Hugo Gaudig finden wir die Übung in anderen Gedankengängen. Gaudig will, "daß die Individualität in der Arbeit und durch die Arbeit immer mehr zur Persönlichkeit ausreift. Das Absehen ist also nicht auf ein Wissen als Wissen, auch nicht auf ein Können als Können, sondern auf einen Gesamtzustand, auf die bleibende Disposition gerichtet, die sich als Gesinnung, Kraft und Technik der Selbstbetätigung offenbart." (Gaudig 1922 I, S. 88)
Auch wenn sich unsere Vorstellungen von der "ausreifenden Persönlichkeit" seit Gaudigs Ausführungen aus dem Jahre 1917 gewandelt haben mögen, bleibt der Ansatz beachtenswert. Gaudig lehnt also die Methode der bloßen Wissensvermittlung ab und will stattdessen intellektuelle Kräfte entwickeln, die am konkreten Stoff zu Dispositionen werden. Diese Dispositionen, zusammengefaßt als Kräftegruppen, befähigen den Schüler "zur Bewältigung formalwissenschaftlich gleichartigen Stoffes." (Gaudig 1922 I, S. 90)
Solche oder ähnliche Gedanken sind in das pädagogische Denken eingegangen, das nach exemplarischem Lernen verlangt und die Möglichkeiten des Transfers im Lernprozeß betont. Gaudigs Konsequenzen für einen Unterricht, der über das Ziel bloßer Aneignung positiven Wissens weit hinausgeht und Wissen primär als Mittel und Basis der Kräftebildung versteht, werden in der heutigen Schule zu wenig beachtet.

Bei den Dispositionen, von denen Gaudig spricht, handelt es sich natürlich um persönliche Dispositionen, die dann vorhanden sind, "wenn der intellektuell Arbeitende sich aus sich heraus bestimmt und in keiner Phase der Arbeit des Fremdimpulses bedarf." (Gaudig 1922 I, S. 92) Dieser Zustand kann nur erreicht werden, wenn der gesamte Schulunterricht nach dem Prinzip der Selbsttätigkeit organisiert ist, die Schule demnach Arbeitsschule ist. Die in der Schule praktizierte Selbsttätigkeit befähigt den Schüler dann, auch außerhalb der Schule in den verschiedensten Lebensbereichen selbsttätig zu handeln. Selbsttätigkeit aber ist nur dann zu erwarten, wenn der Schüler die Arbeitstechnik gewinnt: "Der Schüler muß Methode haben." (Gaudig 1922 I, S. 94)
Hier nun liegt bei Gaudig der Gegenstand des Übens: Der Lehrer muß den Schüler auf die Arbeitstechnik einschulen. "Selbstverständlich handelt es sich hier nicht um das Eindrillen einer Arbeitsmanier, die, einmal eingedrillt, mechanisch angewandt wird. Schon die Einschulung in eine Arbeitstechnik muß im Geiste der Selbsttätigkeit erfolgen... Die Schüler ... versuchen sich an der Arbeit; auch Irrwege oder minder bequeme Wege werden vom Lehrer nicht von vorneherein verboten, damit echter Pfadfindergeist und echte Pfadfinderstimmung gewonnen wird. Bisweilen wird auch das Vormachen des Lehrers am Platze sein. So sieht der Schüler die Arbeit vor seinen Augen wachsen und liest die Technik gleichsam aus der werdenden Arbeit ab. Es folgt dann die Erläuterung der Technik, durch die der Schüler den Sinn und die Zweckmäßigkeit der gewählten Arbeitsweise erkennt. Die nächste Stufe läßt sich kennzeichnen als Nachmachenlassen unter geduldigem, schonendem Handführen, unter begleitendem und nachfolgendem Urteil, mit steter Hinleitung zur Selbstbeurteilung. Nun folgt das Einüben bis zur Beherrschung der Technik. Den krönenden Abschluß bildet das freie Arbeiten. Dies Arbeiten wird umso freier sein, je mehr die Einführung der Arbeitstechnik darauf bedacht ist, die Schüler auf die Mehrheit von Wegen, die an sich möglich sind, hinzuweisen und zu der überlegsamen Auswahl der Wege anzuhalten. Dann vermögen sie das Arbeitsverfahren an die gegebene konkrete Aufgabe, die gegebene Arbeitslage anzupassen. Hier kann auch der Individualität der Schüler insofern Rechnung getragen werden, als sie mit ihrer geistigen Eigen-

art (man denke u. a. an die Vorstellungstypen) bekannt gemacht und zu der für sie günstigen Arbeitsweise angehalten werden." (Gaudig 1922 I, S. 94 f.)

Viele Lehrer der heutigen Schule sind weit von Gaudigs Forderungen entfernt und verpflichten ihre Schüler immer noch auf den untauglichen Weg bloßer Wissensvermittlung. Sie verfehlen dabei nicht nur die Chance der Menschenbildung, sondern enthalten ihren Schülern auch die Chance auf intellektuelle Selbständigkeit vor, dem vermutlich wichtigsten Kapital unseres wissenschaftlichen und gesellschaftlichen Lebens.

Andere Lehrer beachten nicht die Ausgewogenheit in Gaudigs Ansatz. Sie ermöglichen, z. B. bei der Arbeit im Projekt, zwar den "Pfadfindergeist", lassen "Irrwege und minder bequeme Wege" zu, versäumen aber die gemeinsame Arbeitsreflexion, führen nicht zur Selbstbeurteilung und scheuen sich wegen ideologisch enger Vorstellungen vom freien Arbeiten, das Verfahren gründlich einzuüben.

Noch häufiger aber fehlt im heutigen Unterricht der "krönende Abschluß", das freie Arbeiten. Wo dazu keine Möglichkeit gegeben wird, lernt der Schüler nicht, die gewonnene Arbeitstechnik zu handhaben und dabei den jeweils spezifischen Bedingungen der sich stellenden Situationen anzupassen.

Den Gedanken, daß bei der Erziehung zur Selbständigkeit das Entwickeln und Einüben von sach- und schülergerechten Arbeitsverfahren zwingend notwendig ist, haben auch Otto Scheibner und Peter Petersen vertreten. Während Scheibner Gaudigs Ansatz präzisiert (vgl.Scheibner 1928 oder auch Reble 1979, S. 90 - 107), geht Petersen in Anlehnung an Förtsch von der Notwendigkeit des Einschulens der Schüler auf die "Werkgrammatik" und die "Elementargrammatik" aus, um sachgerechtes selbständiges Arbeiten der Schüler zu ermöglichen. Mit der Einführung in die "Werkgrammatik" wird beabsichtigt, "das technische Elementarwissen und -können unabhängig von irgendwelchem Gegenstandbauen herauszuarbeiten. Durch diese 'Werkgrammatik', die sich auf die Holz-, Metall-, Papp- Glasarbeit und die Zeichen wie Schrifttechniken erstreckt, lernen die Kinder die wichtigsten Werkgesetze kennen und anwenden und werden dadurch später ihre individuellen Arbeiten vor Pfuscherei bewahren." (Petersen 1980. S. 46 f.)

Mit der "Elementargrammatik" werden in den verschiedenen Fächern die Grundtechniken bzw. das Grundwissen vermittelt, "durch deren Beherrschung sich ein Kind weiteren Zugang zu einem Gegenstand verschaffen kann." (Dietrich 1986, S. 71)
Petersen richtete 1924 an der Jenaer-Universitätsschule Einschulungs- und Übungskurse ein, in denen die Schüler in die Grundtechniken des Faches, z. B. in den Gebrauch biologischer oder erdkundlicher Arbeitsmittel eingeführt wurden. Solche Kurse, die nach Bedarf angesetzt wurden und oftmals über den Zeitraum einiger Tage oder Wochen nur den Bruchteil einer Unterrichtsstunde umfaßten, führten die Schüler zu außerordentlich großer Selbständigkeit im Arbeiten. Verbunden mit Gaudigs Vorstellung, daß der Schüler auch beim Gewinnen der neuen Arbeitstechnik zunächst selbst probieren und individuell besonders geeignete Wege herausfinden darf, eignen sich Petersens Vorschläge für die heutige Schule vorzüglich. (Vgl. Petersen 1959, S. 103 ff.)
Die Integration von beachtenswerten Aspekten anderer pädagogischer Ansätze ist in Petersens Jena-Plan als Prinzip angelegt. Diese Offenheit anderen Denkrichtungen gegenüber schützt seine Pädagogik vor zu großen Einseitigkeiten. So erkennt Petersen deutlicher als andere Reformpädagogen, daß neben dem Einschulen in Arbeitstechniken oder Elementargrammatiken und der auf den erworbenen Grundfertigkeiten aufbauenden selbständigen Arbeit des Schülers die systematisch aufbauende Lehre und kontinuierliche Übung in logisch-systematisch angeordneten Lernfeldern stehen muß. Mathematik, die Fremdsprachen und die deutsche Grammatik werden deshalb in Niveau-Kursen unterrichtet, die stärker vom Lehrer gelenkt sind und die erforderlichen regelmäßigen Übungen und Wiederholungen ermöglichen. Natürlich lassen solche Niveau-Kurse auch Raum für freiere Lern- und Übungsformen, schließen aber bewußt reine Gedächtnisübungen nicht aus. (Vgl. dazu auch Potthoff 81, S. 39 - 45)
In Petersens Jena-Plan findet sich auch eine Lern- und Übungsform, die in unserer Zeit unter dem Begriff des Spiralcurriculum diskutiert wird. Bekanntlich erfolgt im Jena-Plan der größte Teil des Unterrichts in altersgemischten Stammgruppen. Hier finden sich immer wieder natürliche Anwendungsformen für das Gelernte und permanent Anlässe für die Wiederholung des Gelernten in Form seiner Ak-

tualisierung und Strukturierung. Ein Schüler des 6. Schuljahres wiederholt etwas in den Vorjahren Gelerntes, weil ein Schüler des 4. Schuljahres, der mit ihm am selben Tisch arbeitet, danach fragt. Die Wiederholung ist aber zugleich eine Vertiefung des Gelernten und drängt unter Umständen zu einer weiteren Befassung, weil das Erklären sich im allgemeinen nicht mit dem "Angelernten" begnügen kann, sondern das Weshalb und Wozu mit einbezieht. Diese Vertiefung, Anreicherung und Umstrukturierung des Wissens erfahren ja auch Lehrerstudenten bei ihren ersten Unterrichtsversuchen, wenn sie spüren, wie oberflächlich, angelernt und zuweilen direkt untauglich ihr eigenes Schulwissen für das Lehren ist.
Die heutige Schule mit ihren Jahrgangsklassen muß über die Lehrplangestaltung vielfältige Möglichkeiten zu wiederholter und vertiefender Befassung mit den gleichen Lerninhalten und damit zu gründlicher Übung und Festigung des Lehrstoffes schaffen.
Im Gesamtunterricht der Leipziger Reformklassen, die auf Betreiben des Leipziger Lehrervereins 1911 eingerichtet wurden, finden wir die Übung als Mittel des Ausdifferenzierens in ganzheitlichen Lehrgängen.
Ganzheitliche Lehrgänge haben ihren Ausgangspunkt in der Erlebnis- und Erfahrungswelt der Schüler. Die erste Begegnung mit dem Neuen hat oftmals vor Beginn der schulischen Befassung mit dem Thema außerhalb der Schule stattgefunden. Der erste Eindruck ist gewöhnlich von Gefühlsqualitäten begleitet und diffus. Die weitere Beschäftigung mit dem Gegenstand in der Schule kann nichts grundsätzlich Neues bringen, wohl aber neue Details. Vor allem aber wird das unreflektiert Aufgenommene ins Bewußtsein gehoben und die Struktur der Sache zunehmend erfaßt. Dazu muß das Grundlegende des Sachverhalts unter immer neuen Aspekten betrachtet werden. Dieses Vorgehen bedeutet variierende Wiederholung, durch die das Grundlegende des Sachverhalts nicht nur zunehmend klarer herausgearbeitet wird, sondern auch zunehmend Festigung erfährt.
Das Behalten wird hier einmal durch das Erlebnisbetonte der ersten Begegnung und zum anderen durch den wiederholten Zugriff auf den Kernbereich des zu Lernenden gefördert. Es liegt in der Struktur des Lernprozesses, bei dem sich der Sachverhalt immer wieder neu formiert, daß mechanisches Üben den dynamischen Abläufen völlig zu-

wider liefe. (Vgl.Potthoff 1981, S. 34 - 39 und Schwager)
Die Leipziger beginnen ihren Gesamtunterricht in der Grundschule jeweils mit Unterrichtsgesprächen, in denen die Kinder berichten, was sie im Rahmen des Themas bereits beobachtet haben und wovon sie im Innersten berührt sind. "Die kindlichen Äußerungen zeigten mir aber auch, daß ihre geistigen Bilder von manchen Dingen noch recht verschwommen, unvollkommen oder gar falsch waren. Mit 'Ding' und 'Zeug' halfen sie sich oft über Begriffe weg, für die ihnen der rechte sprachliche Ausdruck fehlte." (Leipziger Lehrerverein 1925, S. 71)
Der Sachverhalt wird nun unter Einbeziehung unterschiedlicher Darstellungsformen unter verschiedenen Aspekten angegangen. So wird etwa der Briefträger beobachtet, das Gespräch zwischen Empfänger des Briefes und Briefträger gespielt, Tasche und Mütze gezeichnet, geformt und beklebt, Briefumschläge in Schneide- und Klebarbeit hergestellt, ein Unterrichtsgang zum Briefkasten gemacht, wieder gezeichnet, geformt und auch gesungen. Es ist ein Unterricht, wie er sich in ähnlicher Form bis auf den heutigen Tag bestens bewährt. Geübt und gefestigt wird, indem viele Seiten des Kindes angesprochen, viele Darstellungsformen ausgeübt und viele Aspekte des Sachverhalts aufgegriffen werden.
Für den Bereich der Sekundarstufe hat die Freinet-Pädagogik Beispiele eines ähnlichen Vorgehens hervorgebracht. (Vgl. z. B. Baillet 1983, S. 112 - 179)
Zum Schluß: Es kann nicht die Frage sein, welcher der reformpädagogischen Ansätze die besten Anregungen für das Üben in der Schule geliefert hat. Jeder Ansatz stellt Beachtenswertes heraus. Jeder Ansatz trifft aber nur einzelne Aspekte der komplexen Aufgabe des Übens. Und erst die Vielzahl der Perspektiven erfaßt den Gegenstand ausreichend. Es wird im Unterricht demnach jeweils zu prüfen sein, im Rahmen welcher Lehrgangsart, an welcher Stelle des Lernprozesses und zu welchem Zweck die Übung erfolgen soll, um die jeweils geeignetste Übungsform auswählen zu können. (Vgl. dazu auch Potthoff 1981).

SYSTEMATISCHE SINNESSCHULUNG

Natürlich muß es das Ziel des Unterrichts sein, die verschiedenen Sinne in allen nur denkbaren Situationen zu beanspruchen und im praktischen Vollzug zu üben und zu verfeinern, so daß eine größere und intensivere Lernfähigkeit der Kinder und Jugendlichen erreicht wird. Da in der Gegenwart jedoch manche Sinne bei zahlreichen Mädchen und Jungen nur schwach entwickelt sind, kann auf eine zusätzliche systematische Sinnesschulung nicht verzichtet werden, die oftmals zu Beginn einer Unterrichtsstunde zugleich eine Konzentrationsübung für die gesamte Lerngruppe sein kann und während der materialgeleiteten Freiarbeit dem Einzelnen die Möglichkeit zu gründlicher und ausdauernder Sinnesübung ermöglicht.

INDIVIDUELLE SINNESÜBUNGEN MIT MATERIALIEN

Für eine intensive Sinnesschulung während der Freiarbeit oder im Rahmen von Lern- und Übungszirkeln können z. B. folgende Selbstbildungsmaterialien eingesetzt werden :

SCHWARZ UND WEISS zur Schulung des genauen Beobachtens und zur Förderung der Konzentration. (Geometrische Muster, die paarweise ein photographisches Positiv und das zugehörige Negativ bilden, sollen zugeordnet werden.)
SCHWARZ UND WEISS 1 für die Grundschule; SCHWARZ UND WEISS 2 für die Sekundarstufe.

MARMORIX fordert zum genauen Beobachten und (MARMORIX 2) zur intellektuellen Umformung des Gesehenen heraus (Vergrößerung oder (bei MARMORIX 1) Umsetzung ins Negativ).

FARBEN-TRIO motiviert zum genauen Hinsehen und Kombinieren. Jeweils 3 Plättchen bilden ein Trio, bei dem die Struktur des Farbmusters gleich ist, die Farben aber miteinander vertauscht sind. Geeignet für die Sekundarstufe I.

ELLIPSO Durch Ellipso werden die Schüler wiederholt zu Figur-Grund-Differenzierungen veranlaßt und dabei zu genauem Wahrnehmen geführt.

CHINA-TRIO Mit dem CHINA-TRIO wird das Erfassen von Formen aus einem komplexen Untergrund und das Unterscheiden von Details geübt. Es ist für die Sekundarstufe geeignet.

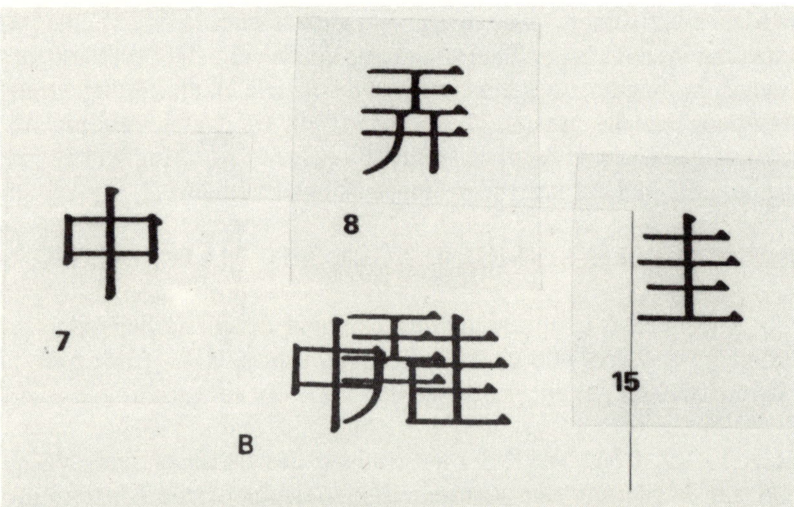

SPIEGELSPORTLER fördern die visuelle Wahrnehmung und führen in geometrische Fragestellungen ein (Spiegelsymmetrie). Je nach Spielweise eignen sie sich für Kinder der Klassen 1 - 4.

TASTBRETTCHEN zur Verfeinerung des Tastsinns. Durch Betasten bei geschlossenen Augen sollen die Grundschulkinder die jeweils zusammengehörenden Brettchenpaare mit identischer Oberfläche herausfinden.

TASTBRETTCHEN (geometrische Formen). Bei geschlossenen Augen sollen die Kinder geometrische Formen durch taktile Wahrnehmung unterscheiden lernen.

GERÄUSCHE IM HAUS (Audio-Cassette) - Verschiedene, aus dem Alltag im Haus bekannte Geräusche sollen erkannt werden. Die Cassette eignet sich nicht nur zur Schulung des Gehörsinns der Grundschüler, sondern z. B. durch das Zählen der Geräusche auch als Konzentrations- und Stilleübung.

LES MOTS CACHES - Diese Audio-Cassette mit ca. 25 Min. Spielzeit bietet Übungen zum Hörverständnis. Jeweils 2 Vokabeln des 1. Franz.-Lernjahres sind gleichzeitig aufgenommen worden. Diesen Mischmasch von französischen Vokabeln soll der Schüler enträtseln.

Zahlreiche Selbstbildungsmaterialien sind so konzipiert, daß für den Schüler eine Verfremdung bei der Wahrnehmung eintritt, die zu einer erhöhten Aufmerksamkeit führt. So wird bei den **RAUHEN BUCHSTABEN** und bei der **RAUHEN GEOMETRIE** das gewöhnlich mit dem Auge Wahrzunehmende ertastet und dadurch zum einen ein Verfremdungseffekt erzielt, zum anderen beim Schüler ein weiterer Aufnahmekanal für das Lernen aktiviert.

Die genannten Materialien sowie Kataloge über Selbstbildungsmaterialien für die Freiarbeit in der Grundschule und für Freiarbeit, Differenzierung und Übung in der Sekundarstufe sind beim **REFORMPÄDAGOGISCHEN VERLAG JÖRG POTTHOFF**, 79104 Freiburg, Haydnstr. 16a, erhältlich.

SCHULUNG DES GERUCHSSINNS

(Heinrich Witte)

Geruchsdosen

Das Material läßt sich leicht herstellen. Es werden kleine Döschen mit stark duftenden Substanzen gefüllt, und zwar jeweils zwei mit derselben Substanz, insgesamt 10 - 12 Döschen. Die Kinder haben Spaß daran, mit verbundenen Augen zu arbeiten und die Döschen mit den gleichen Duftstoffen einander zuzuordnen.
Am Boden der Döschen werden Farbmarkierungen für die Selbstkontrolle angebracht.

Feldblumenstrauß

Die Lehrkraft stellt einen Strauß mit jeweils zwei gleichen Blumenarten bereit. Zwei Kinder nehmen je einen Teil des Straußes. Ein drittes Kind sucht mit verbundenen Augen durch Riechen die gleichen Blütensorten heraus.

Die Kinder haben auch Spaß daran, in einem ähnlichen Verfahren Gemüsesorten oder Früchte an ihrem Geruch zu erkennen.

Riechgeschichte I

Jedes Kind bringt 2 Gläser, gefüllt mit Geruchssubstanzen, mit in den Unterricht. Die Gläser werden verteilt. Jedes Kind öffnet ein Glas, riecht daran, läßt sich vom Duft inspirieren, überlegt, woher der Duft stammen könnte und erfindet eine kurze Geschichte dazu.
Wer Lust hat, darf seine Geschichte erzählen.

Riechgeschichte II

Kleine Holzwürfel (1 cm Kantenlänge) oder Holzperlen werden mit unterschiedlich duftenden Essenzen beträufelt und an einer bestimmten Stelle des Klassenzimmers ausgelegt. Wer z. B. während der Freiarbeit Lust hat, riecht mit geschlossenen Augen an den Würfeln und läßt sich von den verschiedenen Düften zu einer längeren Geschichte inspirieren, die aufgeschrieben wird.

Herstellung von Parfum

Die Kinder übergießen Blütenblätter, die sie selbst gesammelt haben, mit Wasser und zerstampfen sie zu einem "Parfum". Die später abgesiebte Flüssigkeit, das "Parfum", wird den anderen Kindern gegeben, die versuchen, am Duft die Blütenart zu bestimmen.

SCHULUNG DES GLEICHGEWICHTSSINNS

Jüngere und ältere Kinder zeigen deutlich, daß ihnen die Schulung ihrer Sinne viel Freude bereitet. Offensichtlich genießen sie die mit der Verfeinerung der Sinne verbundene größere Kompetenz und suchen immer wieder die neue Könnenserfahrung zu realisieren. Das beobachten wir z. B., wenn bereits kleinere Kinder jede niedrige Mauer als Balancierstrecke benutzen und nicht müde werden, immer wieder dieselbe Strecke abzulaufen, bis sie einige Sicherheit erlangt haben - um sich bald einer schmaleren oder höheren Mauer, Stange - oder was sich anbietet - zuzuwenden.
Diese Übungsbereitschaft greift der Sportunterricht auf, indem je nach Altersstufe umgedrehte Bänke oder höhere Schwebebalken für die Übung bereitgestellt werden. Solche Übungen lassen sich leicht in einen Lernzirkel zur Körpererfahrung einbinden, bei dem neben verschiedenen Gleichgewichtsübungen auch Kletter- oder Bewegungsübungen eingebaut sein können.

LERNZIRKEL
"NATUR MIT ALLEN SINNEN ERLEBEN"

Am Wiesenrand

(Vgl. auch die Kapitel "Lernzirkel" und "Lernzirkelbeispiele")

Station 1: Hören, was Du sonst nicht hörst

A Ton-Kassette mit folgenden Aufnahmen:
Bienen summen
Grillen zirpen
Gesang der Lerche
Frösche quaken
ein Bach plätschert

B Außenstation:
Selbst weitere Naturgeräusche aufnehmen

Station 2: Fühlen, was Du sonst nicht fühlst

Barfußstraße (Partnerarbeit):
Den Mitschüler/die Mitschülerin, der/die barfuß geht und dessen/deren Augen verbunden sind, über Flächen führen, die mit Steinplatten, Kieseln, Erde, Heu und Gras ausgelegt sind

Station 3: Riechen, was Du sonst nicht riechst

A Wiesenblumenstrauß (Partnerarbeit)
Aus einem Wiesenblumenstrauß mit verbundenen Augen die Kamille herausfinden

B Zuordnungsaufgabe
Mit verbundenen Augen Gläser passend zuordnen:
2 x feuchtes Gras
2 x Heu
2 x Pilze etc.

Station 4: Sehen, was Du sonst nicht siehst

A Wie ein Detektiv beobachten
Die Kinder schauen durch eine Papprolle auf den Wegrand und auf die Wiese und beachten, da das Umfeld abgeschirmt ist, nun plötzlich Kleingetier und Besonderheiten der Gräser.

B Mit dem Mikroskop arbeiten

Station 5: Schmecken, was Du sonst nicht schmeckst

Probiertisch mit:
Waldhonig
Blütenhonig
Wilderdbeer-Marmelade
Brombeer-Marmelade etc.

Station 6: A Hören, wie ein Dichter empfindet

Ton-Kassette mit den Gedichten
Weinheber: Im Grase
Britting: Schlüsselblumenland (u. a.)

B Lesen, wie ein Dichter empfindet

Texte z. B. wie bei Station 6 A

Station 7: Schreiben wie ein Dichter

Freie Texte
z. B. zu:
Beobachtungen am Wiesenrand
Spielen auf der Wiese
Phantasiegeschichten

SEHSINN

HÖRSINN

TASTSINN

WÄRMESINN

GERUCHSSINN

GESCHMACKSSINN

GLEICHGEWICHTSSINN

BEWEGUNGSSINN

GEDANKENSINN

SPRACHSINN

LEBENSSINN

DU-SINN

PROJEKTLERNEN IM HERKÖMMLICHEN UNTERRICHT

Heinz Zimmermann

In diesem auf den alltäglichen Unterricht bezogenen Beitrag soll unter dem Begriff "Projekt" eine größere Aufgabe bzw. ein kleineres Vorhaben, z. B. aus einem komplexen Thema, verstanden werden. Der Ausgangspunkt dabei kann ein Schulfach sein; meist wird aber der enge Fachrahmen überschritten, und es drängen sich Querverbindungen im Sinne eines fächerübergreifenden Unterrichtsansatzes auf. Die Initiative für die Bewältigung einer so verstandenen Aufgabe geht dabei zunächst von der Lehrkraft aus; mit zunehmender Gewöhnung an diese Unterrichtsform kann ebenso ein Schülerinteresse den Ausgang bilden für die von LehrerInnen und SchülerInnen gemeinsam zu planende und in geistiger und körperlicher Arbeit gemeinsam auszuführende Aufgabe.
Für die Unterrichtspraxis ist die begriffliche Unterscheidung zwischen Projektunterricht, projektorientiertem Unterricht und Projektmethode unerheblich. Wichtiger erscheinen mir die von Gudjons und Bastian zuletzt in PÄDAGOGIK beschriebenen Wesensmerkmale eines Projektunterrichts (Bastian / Gudjons 1989, S. 11 ff.):
"1. Situationsbezug
2. Orientierung an den Interessen der Beteiligten
3. Selbstorganisation und Selbstverantwortung
4. Gesellschaftliche Praxisrelevanz
5. Zielgerichtete Projektplanung
6. Produktorientierung
7. Einbeziehung vieler Sinne
8. Soziales Lernen im Projekt

9. Interdisziplinarität
10. Grenzen und Bezug zum Lehrgang."

Im Verlauf dieses Beitrags werden die Merkmale immer wieder im Sinne einer "einkreisenden Beschreibung" herangezogen.
Vor gut einem Jahrzehnt in Anknüpfung an die reformpädagogische Epoche (Dewey, Kilpatrick, Otto, Gaudig, Lietz, Petersen, Kerschensteiner) für die Schule von heute wiederentdeckt, in Form von Projekttagen und Projektwochen hochstilisiert, manchmal als Alibifunktion mißbraucht, ist es endlich an der Zeit, den projektorientierten Unterrichtsansatz für den alltäglichen Unterricht nutzbar zu machen. Nicht nur deshalb, weil Lehr- und Bildungspläne neueren Datums eine fächerübergreifende Unterrichtskonzeption von Fall zu Fall in Form des Projektlernens einfordern, sondern auch vor allem deshalb, weil dieser Unterricht den jeweiligen Schüler in seiner ganzen Person anspricht und beansprucht.
Nun soll in diesem Beitrag für die Regelschule und deren Lehrkräfte nicht einer wie immer gearteten "Projektschule" das Wort geredet werden, zumal der Lehrgang und das Projekt zwei Seiten der Medaille "Unterricht" darstellen (vgl. Bielefeldt / Emundts 1987), sondern es geht vornehmlich darum, die pädagogische Chance, die diesem Unterrichtsansatz zu eigen ist, für den schulischen Alltag zu nutzen.
Allenthalben wird über Disziplinprobleme und Motivationsprobleme, über Lebensferne, über fehlende Sinnhaftigkeit und einseitige Verkopfung des Lernens geklagt. Mir ist wohl bewußt, daß mit der Aufnahme eines projektorientierten Unterrichtsansatzes im Schulalltag nicht alle Schulprobleme mit einem Schlag aus der Welt geschaffen sind. Gleichwohl darf davon ausgegangen werden, daß im Rahmen einer inneren Schulreform neben strukturellen Veränderungen diese oben angeführte Unterrichtskonzeption einen Beitrag zu leisten vermag bei der Beantwortung der Frage nach der Sinnhaftigkeit des Lernens hier und heute ebenso wie bei dem vielfach als Schlagwort eingeforderten ganzheitlichen Lernen. Hand- und Kopfarbeit können "wiedervereinigt" werden und das bleibende Defizit bezüglich des Vorratslernens eines wie immer gearteten Schulunterrichts könnte dadurch ein Stück weit kompensiert werden. Zumindest wird die ge-

genwärtig mit Nachdruck geforderte Erfahrungs- und Handlungsorientierung des Unterrichts in allen Schulstufen und Schularten durch den projektorientierten Ansatz am ehesten eingelöst.
Sicherlich eignen sich Fachbereiche wie z. B. Wirtschaft und Politik eher für diese handlungsorientierte Unterrichtsform, dennoch kann im Sinne einer Anwendungsorientierung auch das vordergründig eher nicht in Frage kommende Schulfach Mathematik im Projektkontext für die Schüler einsichtig werden. In jedem Fall wäre es für die Lehrenden auch im Hinblick auf eine begründete Aussicht auf ein Mehr an Berufszufriedenheit hilfreich und sinnvoll, gelegentlich dem Erfahrungslernen gegenüber der Belehrung den Vorzug zu geben. Sowohl "Das allmähliche Verschwinden der Wirklichkeit" (v. Hentig 1985), als auch die vergleichsweise günstige Behaltenswirkung sowie die motivationsfördernde Wirkung sind weitere hinreichende Gründe für ein erfahrungsbetontes Lernen durch den Projektunterricht. Spätestens an diesem Punkt wird deutlich, daß mit dem in diesem Zusammenhang verwendeten Erfahrungsbegriff die aktive Komponente gemeint ist, die mit dem Entdecken, Erforschen und Erleben, weitgehend durch den Schüler selbst, Ernst macht.

Nun kennt der Projektunterricht, wie im übrigen jeder andere Unterricht auch, strukturelle Abläufe und Ziele. Ein bloß vordergründiges Handeln ohne die notwendige intellektuelle Reflexion wäre keine hinreichende Begründung für ein solcherart schülerorientiertes Lernen. Noch immer gilt Karl Freys Buch "Die Projektmethode" (Frey 1982) als lesenswert und sein "Grundmuster der Projektmethode" (a. a. O., S. 54) als hilfreiches Organisationsmodell für einen Ersteinstieg:

Grundmuster der Projektmethode
(dargestellt anhand eines idealisierten Projektablaufs)

Projektinitiative ①
↓
Auseinandersetzung mit der Projektinitiative in einem vorher vereinbarten Rahmen (direkt Beteiligte, evtl. indirekt Beteiligte) (Ergebnis = Projektskizze) ②

möglicher Abschluß ← | ↓

Gemeinsame Entwicklung des Betätigungsgebietes (u. U. auch mit indirekt Beteiligten) (Ergebnis = Projektplan) ③

möglicher Abschluß ← | ↓

(Verstärkte) Aktivitäten im Betätigungsgebiet (einzeln, in Untergruppen, in Gesamtgruppe) ④

im Verlauf des Projektes eingeschobene ↓

Fixpunkte ⑥
und
Metainteraktionen ⑦

Beendigung durch bewußten Abschluß (1) oder durch Rückkoppeln zur Projektinitiative (2) oder durch Auslaufenlassen (3) (direkt oder indirekt Beteiligte, evtl. neue Adressaten) ⑤

| | ↓

Entweder (1) Bewußter Abschluß ← | |

oder (2) Rückkoppelung zur Projektinitiative ← |

oder (3) Auslaufen lassen

Für einen an den Zielen des Lehr- und Bildungsplanes orientierten Projektunterricht könnte die dem Schulalltag angepaßte Grundstruktur etwa so aussehen:

(1) Projektinitiative:	Thema des Lehr/Bildungsplanes
(2) Auseinandersetzung mit der Projektinitiative:	Vorbereitung der Lernumgebung durch Bereitstellung von Materialien
(3) Projektdurchführung:	Einzel- und Gruppenarbeit an einem selbstgewählten Teilbereich
(4) Ergebnispräsentation:	Darstellung der Teilergebnisse durch die Schüler
(5) Metainteraktion:	Zusammenschau und Reflexion der Arbeitsergebnisse
(6) Bewußter Abschluß:	Festhalten der Unterrichtsergebnisse auf Arbeitsblättern, Ablage in den Schülerordnern bzw. Einkleben in die Schülerhefte

Im Prinzip geht es also immer darum, daß Schüler in einer vom Lehrer wohl vorbereiteten Lernumgebung, wobei der Lernort gelegentlich auch wechselt, meist in Kleingruppen, Erfahrungen sammeln können, diese austauschen, sie darstellen und schließlich reflektieren. Die anschließende Protokollierung der Arbeitsergebnisse dient zugleich der Sicherung des Lehrstoffes auch im Hinblick auf die zu erbringenden Lernzielkontrollen in Form von Klassen- und Probearbeiten.
Nun könnte man mit Recht fragen: Hat denn ein Schüler alles mitbekommen, wenn er nur an einem Teilbereich des Themas aktiv mitar-

beitet? - Zur Beantwortung dieser Frage muß man etwas weiter ausholen. Alle Lehrenden wissen, daß über den Umweg der sogenannten gesellschaftlich relevanten Gruppen immer schon nur ein kleiner Ausschnitt der jeweiligen Fachdisziplin in die Lehrpläne hineingeschrieben wird. Man darf auch wissen, daß viele Schulbücher dennoch mit ihrem Stoffangebot weit über die Lernziele in den Lehrplänen hinausreichen und so wiederum das vermeintlich "Ganze" repräsentieren wollen. Auch im traditionellen Unterricht, der das "ganze" Thema der "ganzen" Klasse anbietet, erfährt jede Lehrkraft spätestens bei der Lernzielkontrolle, daß nicht jeder Schüler bei jedem Teillernziel so aktiv mitgearbeitet hat, um den "ganzen" Lernstoff wiedergeben zu können. Die Befürchtung, es könne in einem solchen handlungsorientierten und schülergemäßen Unterricht wie dem des Projektlernens die Lernstoffvermittlung zu kurz kommen, ist häufig pure Augenwischerei. Man darf doch wohl nicht glauben, daß das, was beim lehrergeführten Unterricht in den Tagebüchern und Unterrichtsnachweisen als "durchgenommen" abgehakt wird, die Schüler im Endeffekt wirklich begriffen und behalten haben.
Demgegenüber wissen viele Lehrkräfte, daß Schüler, die entdeckend und erforschend, allein oder in der Kleingruppe an Teilbereichen Lernerfahrungen machen durften, häufig interessierter ihren Schulkameraden bei deren Ergebnispräsentation lauschen als dem noch so engagierten Lehrervortrag. In diesem Zusammenhang sei noch einmal darauf hingewiesen, daß es sicherlich Lernbereiche in der Schule gibt, die der Schüler nicht selbst erschließen kann, wo der Lehrende seinen Wissens-Vorsprung einbringen muß, wenn der Unterricht innerhalb einer bestimmten Zeit vorgegebene Lernziele erreichen soll. Dies ist nachweislich in den mehr an Lehrgängen orientierten Fächern der Fall, so beispielsweise in den mathematischen und sprachlichen Lernbereichen. Doch wie schon erwähnt, im Sinne einer Anwendungsorientierung können die dort erworbenen Kenntnisse durchaus für den Projektunterricht fruchtbar gemacht werden. So besteht beispielsweise durch eine Lernzielbündelung über die Fächergrenzen hinweg die Möglichkeit, auch solche Fächer miteinzubeziehen, die auf den ersten Blick nicht projektgeeignet erscheinen.
Für das Gelingen eines so verstandenen Unterrichts ist eine veränderte Lehrerrolle von entscheidender Bedeutung. Nicht mehr der al-

leskönnende und alleswissende Schulmeister, der alle Fäden in der Hand hält, ist gefragt, sondern der beratende Begleiter von Lernprozessen. Wenn wesentliche Ziele des Projektunterrichts, wie z. B. Selbständigkeit, Selbstbestimmung, Selbstverantwortung sowie Kooperations- und Kommunikationsfähigkeit, erreicht werden sollen, dann muß die herkömmliche Lehrerzentrierung des Unterrichts wenigstens zeitweise zurücktreten. Denn wer z. B. Selbständigkeit fördern will, der muß Selbständigkeit gewähren. Als sogenannter "Hintergrundlehrer" stellt er notwendige Bausteine für die Projektarbeit zur Verfügung, nennt Informationsquellen, bietet Informationen an, um die Entscheidungs- und Handlungsfähigkeit der SchülerInnen zu fördern. Er eröffnet Freiräume, daß die SchülerInnen die Möglichkeit haben, Schwerpunkte selbst zu setzen, Feinziele und Methoden zu beeinflussen bzw. zu verändern und bringt sich als steuernder "Experte auf Abruf" situationsgerecht ein.
Die überlieferte Vorstellung vom Lehr-Lern-Gefälle verliert dabei teilweise ihre Gültigkeit: Im Projektunterricht sind LehrerInnen und SchülerInnen Lernpartner, jeder ist Lehrer und Lernender zugleich.
Dieses Verständnis von Unterricht muß natürlich alle diejenigen beunruhigen, die Lernen vorwiegend lehrerzentriert begreifen. Das über das eigene Schülersein und die Lehrerausbildung immer noch einsozialisierte Selbstverständnis gerät ins Wanken, ein Umlernen ist erforderlich - auch gerade wegen einem Mehr an Berufszufriedenheit.
So gibt es bereits in mehreren Städten sog. Lernwerkstätten, die Lehrkräften, die ihren Unterricht auf diese Weise verändern wollen, in Workshops mit Rat und Tat zur Seite stehen. Aber auch die institutionalisierte Lehrerfortbildung sieht mittlerweile einen diesbezüglichen notwendigen Handlungsbedarf. Ebenso bemühen sich selbstinitiierte Arbeitsgruppen, wie z. B. die Freinet-Kooperative, um eine Ausweitung des Methoden- und Handlungsrepertoires bei ihresgleichen.
Nur nebenbei soll angemerkt werden, daß diese Anforderungen in den Ausbildungsverordnungen des Handwerks und der Industrie ebenso diskutiert werden, wo es unter anderem auch darum geht, die Ausbilder von der Vier-Stufen-Methode des "Erklären, Vormachen, Nachmachen, Üben" abzubringen und die Auszubildenden hinzufüh-

ren zum selbständigen Planen, Durchführen und Kontrollieren von Arbeitsabläufen.
Die berufliche Bildung spricht in diesem Zusammenhang von dem Erwerb von Schlüsselqualifikationen in den Bereichen einer Fach-, Methoden- und Sozialkompetenz. Dabei beinhaltet die Fachkompetenz das Aneignen von Fertigkeiten und Kenntnissen des jeweiligen Ausbildungsberufs. Methodenkompetenz meint: Selbständigkeit beim Lernen, Planen, Durchführen und Kontrollieren. Zur Sozialkompetenz zählt die Entfaltung der Persönlichkeit (positives Selbstbild, Selbstwertgefühl), die Kooperationsbereitschaft und die Kommunikationsfähigkeit.
Diese Anliegen sind alle so neu nicht. Bereits zu Beginn dieses Jahrhunderts hat die reformpädagogische Bewegung die Förderung einer formalen, sozialen wie auch personalen Bildung durch ein ganzheitliches Lernen mit der Ausbildung des "Kopfes" (intellektuelle Bildung), des "Herzens" (sittliche Bildung) und der "Hand" zu ihrem Hauptanliegen gemacht. Gerade darin liegt ein Wesensmerkmal des Projektunterrichts, das in diesem Beitrag eine herausgehobene Beachtung finden soll und von Bastian / Gudjons (1989, S. 12) unter dem Merkmal "Einbeziehung vieler Sinne" so umschrieben wird: "Dabei sollen geistige und körperliche Arbeit 'wiedervereinigt' werden. Lernen und arbeiten, denken und handeln, Schule und Leben, Produktion und Konsumtion, Verstand und Sinnlichkeit, Theorie und Praxis rücken wieder näher zusammen. Die Wirklichkeit wird nicht mehr nur 'beredet', sondern handelnd unter Einbeziehung möglichst vieler Sinne erfahren und gestaltet." Es geht also sowohl um inhaltlich-fachliches Lernen als auch um methodisches, soziales und affektives Lernen. Nur so bekommen wir alle Dimensionen schulischen Lernens in das Blickfeld.
Wenn wir im Schulalltag so arbeiten wollen und sollen (die Lehrpläne in vielen Bundesländern fordern den Projektunterricht, zumindest von Fall zu Fall), dann müssen wir neben einer Veränderung der Lehrerrolle auch den SchülerInnen zu einer größeren Aktivierung verhelfen. Die im lehrergeführten Unterricht eingewöhnte Schülerrolle muß in Richtung Erweiterung der Sozialkompetenz (Kooperation, Kommunikation) und Ausweitung der Methodenkompetenz (Anwenden von Lern- und Arbeitstechniken) in möglichst offenen Lern-

situationen eine Veränderung erfahren. Auf den Punkt gebracht: Die SchülerInnen müssen die Gelegenheit erhalten, die für den Projektunterricht unabdingbaren Arbeitstechniken vorher in einer Art Probehandeln einüben zu dürfen.
Ob man diese erforderlichen schüleraktivierenden Lern- und Arbeitstechniken in einzelnen Phasen des traditionellen Unterrichts schult oder, was sich vielfach bewährt hat, in verschiedenen Stationen eines Lernzirkels einübt, ist nicht so bedeutsam. Doch nach wie vor ist Hugo Gaudigs Ausspruch, wonach der Schüler Methode haben müsse, die Basisvoraussetzung für ein Gelingen einer Projektarbeit.
Nur stichwortartig seien einige der erforderlichen Lern- und Arbeitstechniken erwähnt:

- *Informationen einholen*
- *ordnen*
- *Fragestellungen entwickeln*
- *Fragenkataloge erstellen*
- *interviewen*
- *Experten befragen*
- *selektives Lesen*
- *auswerten*
- *dokumentieren*
- *Inhaltsverzeichnisse benutzen*
- *unterscheiden von nützlichen und unnützen Informationen*
- *längere Texte zusammenfassen*
- *protokollieren*
- *Texte interpretieren*
- *Informationsmaterial sammeln*
- *gestalten (z. B. Wandzeitung)*
- *Material beschaffen*
- *in einer Gruppe mitarbeiten*
- *präsentieren von Arbeitsergebnissen*

Wie gesagt, diese Lern-, Arbeits-, Gesprächs- und Kooperationstechniken lassen sich kleinschrittig in einem eigens dafür einzurichtenden Methodentraining in Form von Lern- und Übungszirkeln schulen oder in einzelnen Phasen des traditionellen Unterrichts, den man dadurch schrittweise öffnen kann, immer wieder üben.

Eines sei nicht verschwiegen: Wenn wir dem Projektlernen im alltäglichen Unterricht zur festen Einrichtung verhelfen wollen, können wir an den institutionellen Schwierigkeiten nicht vorbeisehen. Noch immer ist der 45-Minuten-Zeittakt mit häufig wechselnden Fachlehrern die Regel. Projektorientiertes Arbeiten versteht sich, meist ausgehend von einem Fach, fächerübergreifend und ist auf ein Verweilen angewiesen; die Schulglocke wirkt dabei bisweilen wie ein Störfaktor. Was ist zu tun? Zusammenarbeit zwischen innovationsfreudigen Lehrkräften und das epochenweise Unterrichten in den Sachfächern (in manchen Lehrplänen bereits Vorschrift) wären erste Schritte in Richtung auf eine in diesem Beitrag beschriebene Unterrichtskonzeption.

Der Einstieg mit einem Projekttag oder aber einer Projektwoche bzw. -halbwoche, initiiert aus der Mitte des Kollegiums oder von der Schulleitung, wäre für unerfahrene, aber dennoch interessierte Lehrkräfte ein Handlungsraum, wo sie selbst exemplarisch handeln und experimentieren können, um damit dem angestrebten Lernkonzept eher zum Durchbruch zu verhelfen. Doch dabei wollen wir ja nicht stehenbleiben. Um dem Projektansatz wirklich zum Durchbruch zu verhelfen, müssen wir den Schritt über Projekttag und -woche hinaus wagen und in den alltäglichen Unterricht hineinwirken, so daß Lehrkräfte am Schuljahresende nicht mehr aus purer Verlegenheit, wenn, wie manche meinen, die "Luft" ausgeht, noch schnell den Schülern Projektunterricht verordnen.

Wie sieht nun der projektorientierte Unterrichtsaufbau für den Schulalltag aus? Ideal, auch ganz im Sinne der Forderung Deweys wäre es, von den Erfahrungen, Interessen und Bedürfnissen der Schüler auszugehen, das Ziel in gemeinsamer Aussprache festzulegen, eine gemeinsame Planung und Durchführung anzuschließen, im Ergebnis zu lebenspraktischen Produkten zu kommen und an einzelnen Fixpunkten während der Durchführung und nach dem Abschluß die Vorgehensweise immer wieder gemeinsam zu reflektieren. Von diesem Ideal sind sicherlich einige Abstriche zu machen. Dies gilt insbesondere für das Projektthema, das in den meisten Fällen durch den Lehrplan vorgegeben ist. Gelegentlich kann der Anstoß für eine Projektarbeit auch von Schülerseite erfolgen oder von außen in die Schule hineingetragen werden (z. B. durch die Aktionen örtlicher

Sparkassen und Banken, Preisausschreiben usw.).
Die Aufnahme dieser Gelegenheiten setzt allerdings bereits voraus, daß die Lehrkraft die Freiräume, die sich durch die Bündelung der Lernziele ergeben, erkannt und schätzen gelernt hat. Weil die meisten Lehrkräfte den Projektansatz nicht allein wegen fehlender Methodenkompetenz, sondern vor allem aus Zeitgründen ablehnen, müssen sie zuerst die Erfahrung machen, daß lehrplanorientierter Projektunterricht letztlich Zeitgewinn bedeutet.
Unser Ausgangspunkt wird also zunächst die Lehrplanvorgabe sein müssen. Dabei ist es besonders wichtig, den Einstieg in ein Thema, das projektorientiert aufgearbeitet werden soll, sehr sorgfältig und genau zu überlegen. Im Gegensatz zum konventionellen Unterricht haben die Einstiege gar nichts gemeinsam mit Motivationstricks, die häufig an den Haaren herbeigezogen und aufgepfropft wirken und wo die Schüler lange Zeit nicht merken, worauf das Ganze hinaus will und wo letztlich die geheimnisumwitterte Sache hinführen soll. Nein, der Projektunterricht benötigt keine künstliche Motivation, Die Sache selbst ist es, die motiviert. Es gilt also, Interessen bei den Schülern zu wecken, sie entwickeln zu lassen oder einfach vorhandene Interessen zum Thema zu machen. So sitzen in jeder Klasse Schülerinnen und Schüler, die besondere Neigungen haben oder Freizeitbeschäftigungen nachgehen, die von schulischer Relevanz sein können. Diese herauszufinden dürfte einer Lehrkraft, die sich gelegentlich dem einzelnen Schüler zuwendet, nicht schwerfallen. Lassen wir doch diese Schülerinnen oder Schüler im Sitzkreis von ihren ureigenen Interessen berichten. Die Mitschüler hören dem meist nicht erkannten "Experten" gerne zu und erfahren mancherlei Anregung, die auch als ein Projektthemeneinstieg denkbar ist. Für den einzelnen Schüler war es allemal ein Vorhaben (= Projekt), das er selbst geplant und durchgeführt hat.
Andere Zugänge zu Projektthemen können sich ergeben aus Beobachtungen bei Erkundungen oder Exkursionen, durch das Einladen von Experten in den Unterricht, durch Zeitungsberichte, durch Medien, durch Rollenspiele, durch sinnliche Erfahrungen, durch Gespräche im Anfangs- bzw. Wochenschlußkreis, durch Begegnung mit Literatur, durch eine vorbereitete Lernumgebung im Klassenzimmer (z. B. Arbeitsbibliothek) etc. Eine hilfreiche Erfahrung ist dabei

auch das gemeinsame zwanglose Durchblättern der Sachkundebücher zu Beginn eines Schuljahres, wobei auch schwächere Schüler in sich schlummernde Neigungen, Interessen und Begabungen entdecken, die verbalisiert oder an Wandzeitungen visualisiert werden sollten und bei Bedarf in den Projektunterricht aufgenommen werden können. Wenn es der Lehrkraft gelingt, die Schülerinteressen zu entdekken und manchmal auch zu wecken, den Schülern mit dem nachfolgenden Unterricht entgegenzukommen, dadurch vielleicht auch neue Interessen anzuregen, sind die wichtigsten Bedingungen des Projektlernens gesichert.
An einem Beispiel soll nun das bisher Gesagte verdeutlicht und gezeigt werden, wie projektorientiertes Lernen sich im alltäglichen Unterricht entwickeln kann. Dabei wurde bewußt ein Thema aus dem Bereich der politischen Bildung gewählt, weil m. E. der Sozialkundeunterricht nach wie vor in Institutionenkunde erstarrt und bei vielen Schülern unbeliebt ist. Da aber in einer offenen demokratischen Gesellschaft ein politisches Lernen, das überwiegend auf lehrerzentrierten Informationsunterricht abstellt, zu kurz greift und nicht die erwünschte Mündigkeit eines demokratischen Staatsbürgers hervorbringt, scheint es dringend geboten, handlungs- und erfahrungsorientierte Methoden über den Projektansatz in den Politikunterricht hineinzunehmen.
Auf dem Lehrplan des 8. Schülerjahrgangs steht im politischen Unterricht (= Sozialkunde) das Rahmenthema "**Die Gemeinde als politischer Handlungsraum**" (= Lernziel / Lerninhalt). Weitere Teillernziele/=inhalte sind:

- **Unsere Gemeinde (allgemein)**
- **Aufgaben einer Gemeinde**
- **Informations- und Mitwirkungsmöglichkeiten der Bürger**
- **Die Gewählten (= Bürgermeister, Gemeinderäte)**
- **Die Gemeinderatssitzung (Antrag, Beratung, Abstimmung, Mehrheitsentscheid)**
- **Der Gemeindehaushalt**
- **Die Gemeindeverwaltung**

Von den Lehrplanvorgaben her bieten sich verschiedene Ansatzpunkte an, um in das Thema einzusteigen. Dabei sollen die Schüler nicht mit künstlich wirkenden Motivationstricks hingehalten werden, sondern sofort wissen, worum es geht. Zwei Themenbereiche aus dem Rahmenthema können beim Schüler eine unmittelbare Betroffenheit auslösen: Unsere Gemeinde (allgemein) bzw. die Aufgaben in einer Gemeinde, sofern dazu gerade ein öffentlich diskutiertes Problem ansteht. Zum ersteren kann bereits ein Prospekt über die Heimatgemeinde oder eine Informationsbroschüre vorliegen. Ist dies der Fall, könnte daraus eine Wandzeitung bzw. ein Schaubild entstehen, indem die Schüler in arbeitsteiliger Gruppenarbeit über die Informationsquellen hinaus durch Befragungen (Gemeindebürger und Eltern) und Experteninterviews (Gemeindeverwaltung) ihr Vorhaben durchführen. Arbeitsbereiche für die einzelnen Gruppen könnten sein:

- **Aus der Geschichte der Stadt bzw. der Gemeinde**
- **Sehenswürdigkeiten in der Gemeinde**
- **Die geographische Lage**
- **Bildungseinrichtungen, Sport, Freizeit und Erholung in unserer Gemeinde**

Durch dieses vom Fach Sozialkunde ausgehende aber schließlich doch fächerübergreifend einmündende Vorhaben (Sozialkunde, Geschichte, Deutsch, Kunsterziehung, Geographie) lernen die Schüler ihren Heimatort besser kennen, der Zugang zum Rahmenthema ist geebnet. Schön wäre es für die Schüler, wenn das Ergebnis ihrer Arbeit im Schaukasten der Gemeinde präsentiert werden könnte.

Sollte allerdings noch keine offizielle Broschüre über die jeweilige Gemeinde existieren, so wäre die Anfertigung eines Werbeprospekts über den Heimatort ein Einstieg mit hoher Motivationswirkung. Die Schüler arbeiten wiederum arbeitsteilig und fächerübergreifend in Kleingruppen oder, wenn gewünscht, auch allein oder in Partnerarbeit. Sie informieren sich über Sehenswürdigkeiten in ihrer Gemeinde und der näheren Umgebung (Kirchen, Denkmäler, Freizeiteinrichtungen, Burgen, Schlösser, Museen, Stadtansichten, Bildungseinrichtungen ...), befragen Bewohner und Experten nach der Geschichte, beschreiben die geographische Lage, fotografieren, ordnen und halten die Ergebnisse schriftlich fest. Wenn dann das Produkt über die Gemeindeverwaltung, den Heimatverein oder gar über den Fremdenverkehrsverband publiziert werden kann, ist es eigentlich undenkbar, daß nicht ein Großteil der Klasse für die Angelegenhei-

ten der Gemeinde, weit über die unterrichtlichen Lernziele hinaus, aufgeschlossen ist.
Eine weitere Konfrontation mit dem Thema "Gemeinde" kann durch eine kontrovers diskutierte anstehende Aufgabe, die die Gemeinde zu lösen hat, gegeben sein. So kann beispielsweise eine von der Gemeinde initiierte Aktion "Wohin mit dem Abfall?" der Auslöser für ein weiteres Kleinprojekt sein, das das Rahmenthema in einem Teilaspekt berührt (verpflichtende und freiwillige Aufgaben im Sinne der Gemeindeordnung). Allein die Tatsache, daß bis zu 40% des Hausmülls aus organischen, verrottbaren Substanzen besteht und daß an vielen Schulen mittlerweile Schulgärten vorhanden sind, könnte Grund genug sein, das Thema "Kompostieren" als eine Abfallvermeidungsmaßnahme projektorientiert aufzuarbeiten. Eine zusammenfassende Beschreibung in geraffter Darstellung soll dazu anregen:

Fachlicher Ausgangspunkt: Sozialkunde

Fächerübergreifende Querverbindungen:
Biologie, Mathematik, Werken, Deutsch

Ziel: Die Schüler lernen eine Abfallvermeidungsmaßnahme kennen und erfahren an einem Beispiel die Wiederverwertung von Abfällen (exemplarisches Lernen).

Schüleraktivitäten:
Befragen Fachmann (Obst- und Gartenbauberater), sammeln Abfälle, sortieren Abfälle, berechnen Prozentanteile, bauen Kompostsilos nach Aufbaubeschreibung zusammen.

Voraussetzungen:
Bereitstellen von "Kompostfibeln" (bei Gemeinde erhältlich), Kontaktaufnahme mit Liegenschaftsamt und Kreislehrgarten, Fertigteile für Kompostsilos bereitlegen, Standortfrage mit dem Sachaufwandsträger klären.

Verlauf:
Unterrichtsgänge (-fahrten) zum Gartenbauberater beim Liegenschaftsamt und, wenn vorhanden, zum Kreislehrgarten, Experten zeigen Möglichkeiten der Verwertung von Bio- und Gartenabfällen auf, Abfälle im Schulbereich sammeln, Abfälle sortieren und quantifizieren, Plakate für das Schwarze Brett erstellen (Was gehört auf den Kompost? - Was gehört in die verschiedenen Container?), Kompostsilos aus Fertigteilen aufbauen.

Weiterarbeit:
Müllvermeidung, Mülltrennung, Müllverbrennung, Deponierung des Restmülls.

An diesem skizzierten Vorhaben wird auch deutlich, daß Projekte nicht "am Stück" realisiert werden müssen, sondern in einer Vielzahl von Arbeitsphasen nach und nach zu einem Abschluß geführt werden können. Instruktionsphasen, lehrergeführter Unterricht und projektorientiertes Arbeiten auf Schülerseite ergänzen und bedingen sich und münden schließlich in die Phase der Weiterarbeit ein, wo das im Projekt Erarbeitete und Gelernte systematisiert werden kann. Nachdem im alltäglichen Unterricht die meisten Themen doch vom Lehrplan vorgegeben werden, ist der Einstieg zur Begründung der Thematik, zum Wecken von Interessen, zur Verbalisierung des Vorwissens, aber auch zur Formulierung von Schülerfragen besonders wichtig. Ein immer wiederkehrender Einwand hinsichtlich des zeitlichen Aufwandes ist dadurch zu entkräften, daß projekterfahrene Lehrkräfte bestätigen können, daß durch die Bündelung von Lernzielen sich Freiräume eröffnen und letztlich der hohe zeitliche Aufwand zu einem Zeitgewinn wird.

Eine auf unser Thema bezogene Lernzielbündelung könnte etwa so aussehen:

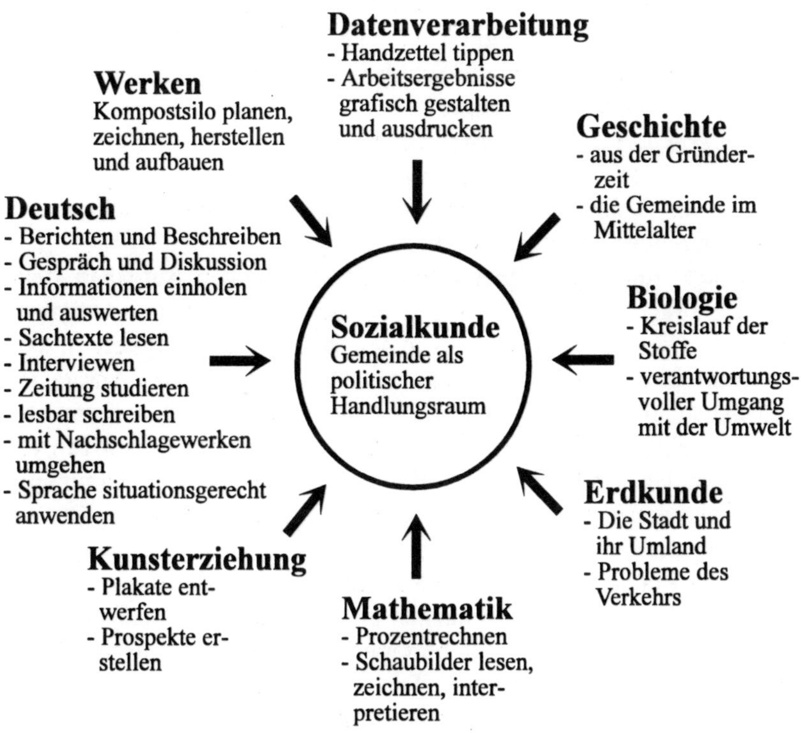

Zwei weitere Teilbereiche, "**Die Gemeindeverwaltung**" und "**Der Gemeindehaushalt**", lassen sich am besten durch das Erkundungslernen, eine weitere Möglichkeit in Richtung Öffnung des Unterrichts, erschließen. Im Unterschied zum traditionellen Unterrichtsgang, wo der Lehrer derjenige ist, der plant und steuert, liegen die Lernaktivitäten schon in der Planungsphase auf Seiten der Schüler.
Voraussetzung für die Anregung der Schüleraktivitäten ist die vorbereitete Lernumgebung im Klassenzimmer in Form einer Arbeitsbibliothek, wo in unserem Fall insbesondere zusätzliche Schülerbücher, eine themenbezogene Lernkartei, die Gemeindeordnung, die Broschüre "Sitzung im Gemeinderat - geh'n wir hin!" (Treffer 1989), die jeweilige Landesverfassung bereitgestellt werden. Daraus entwickeln die Schüler ihre Fragestellungen und erstellen Fragenkataloge.
Als Einstieg zur Thematik "Gemeindeverwaltung" ist ein Quiz mit Hilfe einer Informationsbroschüre (Was erledige ich wo?), die viele Gemeinden ihren Bürgern anbieten, sehr empfehlenswert.
Folgende Impulse könnten die Schüler zur Thematik hinführen:
Du möchtest einen Kinderausweis!
Dich interessiert das Ferienprogramm!
Du möchtst eine Fundsache abgeben! ...
Die Schüler suchen das jeweils einschlägige Amt, die Anschrift und Zimmernummer / Stockwerk heraus.
Im Kontext mit den in einer Gemeinde anstehenden Aufgaben stellt sich die Frage nach der Finanzierung der gemeindlichen Aufgaben generell. Diese Problematik legen wir beim Erkundungslernen vor Ort dem Kämmerer vor, der uns an einem Beispiel den Ansatz im Haushaltsplan aufzeigt und die Gliederung sowie wesentliche Schwerpunkte bei den Einnahmen und Ausgaben (z. B. am Einzelplan "Schulen") erläutert. Der Hauptamtsleiter und der Kämmerer sind dann nach Vorabsprache gerne bereit, den Schülern vor Ort als Experten zur Verfügung zu stehen.
Bei einem Rundgang durch die Gemeindeverwaltung können Schüler z. B. beim Standesamt Halt machen und den dortigen Sachbearbeiter nach ihrem Geburtszeitpunkt befragen. Ein Computerauszug weist dieses Datum sehr schnell aus. Die Schüler haben ein Mitbringsel von der Gemeindeverwaltung in der Hand.

Die Themenbereiche "**Die Gewählten**" (= Bürgermeister, Gemeinderäte) sowie die "**Informations- und Mitwirkungsmöglichkeiten des Bürgers**" werden arbeitsteilig in Kleingruppen in Form eines Fragenkatalogs mit Hilfe von Informationsmaterialien aus der Arbeitsbibliothek im Klassenzimmer vorbereitet und dem Bürgermeister bzw. seinem Stellvertreter im Sitzungssaal des Rathauses gestellt. Die Antwort notiert der jeweilige Fragesteller selbst. Die Ergebnisse werden im Klassenzimmer mit den Mitschülern diskutiert und dann zu einer Dokumentation zusammengestellt, die eventuell gegen Schuljahresende gedruckt werden kann.
Der Besuch einer Gemeinderatssitzung müßte obligatorischer Bestandteil der anstehenden Thematik sein, wobei die Lehrkraft nur darauf zu achten hat, daß wenigstens ein Tagesordnungspunkt schülerrelevant ist. Eine gelungene Sache wäre ein von der Klasse schriftlich eingebrachter Antrag (z. B. in Sachen "Jugendhaus", "Bolzplatz", "Ampelanlage" etc.), der dann beraten wird und vielleicht sogar zur Abstimmung kommt. Kein Schulunterricht kann dieses Erfahrungslernen vor Ort ersetzen.
Der von der Sitzung erscheinende Presseartikel wird in der Nacharbeit den Schülern nicht als ein fertiges Produkt angeboten, sondern in zerschnittener Form den Schülern vorgelegt. So müssen sie sich erneut auf kreative Weise mit Antrag, Beratung, Abstimmung und Mehrheitsentscheid beschäftigen. Ihre Aufgabe ist es nun, Inhalt und Abfolge zu reflektieren und sinngemäß zu ordnen. Dies ist keine Spielerei; die Verfremdung ist eher ein neuer Lernanreiz.
Insgesamt hängt dieses Projekt maßgeblich von der Mitwirkungsbereitschaft der politischen Repräsentanten und der Gemeindeverwaltung ab. Erfahrungsgemäß sind diese Personen gerne bereit, den Heranwachsenden die kommunale Politik als gegenwärtige und zukünftige Aufgabe zu verdeutlichen.
Ein Planspiel, in dem die Schüler selbst in die Rollen der Entscheidungsträger schlüpfen, könnte diese Thematik abrunden und würde den projektorientierten Unterrichtsansatz auch im Schülerbewußtsein stärker verankern. Die Schüler könnten so realitätsnah mögliche kommunalpolitische Entscheidungsprozesse nacherleben. (Vgl. dazu Klippert 1984)
Daß in der vom Verfasser so realisierten projektorientierten Unter-

richtssequenz tatsächlich mit allen Sinnen gelernt und Politik erlebt wurde, braucht wohl nicht mehr hervorgehoben zu werden.
Die Projektmethode in andere Fächer zu transferieren und im Schulalltag in Ergänzung zum lehrergeführten Unterricht zum Durchbruch zu verhelfen, das könnte für alle innovationsfreudigen Lehrkräfte eine lohnende und letztlich auch persönlich befriedigende Aufgabe werden.

ÜBUNG DES SOZIALVERHALTENS

1 Das mittelalterliche Weltbild ist keineswegs überwunden. Zwar nimmt kaum noch jemand an, eine scheibenförmige Erde sei der Mittelpunkt des Universums, um den sich alle Gestirne drehten. Jedoch neigen viele Menschen zunehmend zu der naiven Auffassung, selbst das Zentrum zu sein, um das sich alles dreht. Dabei denke ich nicht nur an dümmliche Filmgrößen oder an Politiker, die sich selbst immer im Mittelpunkt sehen und von der Boulevardpresse in dieser Annahme bestärkt werden, sondern die vielen Menschen in unserer Gesellschaft. Der an sich begrüßenswerte Trend zur Selbstverwirklichung stärkt naturgemäß das Gefühl des Ichseins, des Empfindens der eigenen Körperlichkeit, der eigenen Fähigkeiten. Und es ist schön, sich selbst voll wahrnehmen und genießen zu können.

Das damit leider oft verbundene egozentrische Weltbild hingegen ist etwas Fatales und entlarvt die Selbstverwirklichung nicht selten als bloßen Schein. Wir erleben den Egozentriker, der alles Entgegenkommen seiner Umwelt als ihm selbstverständlich zukommende "Huldigungen" auffaßt und nicht im mindesten zu ähnlichem Entgegenkommen anderen gegenüber bereit wäre. Wir sehen die krakenhaften Typen, die ihre "Saugarme" zerstörerisch in ihre menschliche Umgebung aussenden, um selbst behäbig zu genießen und zu herrschen. Hier ist der Typ, der nur die eigene Leistung sieht und bewundert haben möchte und nicht soviel Distanz zu sich findet, daß er die vielfältigen Leistungen anderer um sich herum wahrnehmen kann. Und dort ist jemand, der gute Ideen, die von anderen Menschen seines Lebenskreises kommen, ignoriert oder lächerlich macht, um wenig später dieselbe Idee als weltbewegend gut zu verkünden - nun als die eigene.

Diese unsinnige Art, das von anderen Kommende mit Worten niederzumachen, um selbst glänzen zu können, selbst Zentrum zu spie-

len, selbst Herr zu sein und die anderen in geringerer, dienender Rolle zu sehen, ist weit verbreitet und setzt sich bei Gruppen fort. Unsere Stadt ist natürlich allen anderen Städten weit voraus und muß, wenigstens in einigen Punkten, Modell für andere Städte sein. Dieser Modell-Begriff, den die Agierenden selbst für ihre Leistungen prägen, verrät in besonderer Weise ein rückständiges Weltbild.
Sodann die Regio, die natürlich für das Zusammenwachsen Europas Modellcharakter hat - und nicht nur das, sie ist das eigentliche Zentrum, wenn schon nicht der ganzen Welt, so doch Europas, und das meint bei diesen Egozentrikern letzten Endes dann doch Zentrum der Welt.

2 Das undifferenzierte Reden von der Selbstverwirklichung hat dazu beigetragen, daß Menschen auf ihrem rücksichtslos verfolgten Weg zum eigenen Ich ausgenutzte, geschundene, gequälte Menschen zurücklassen. Andererseits führt die rigoros und auf Kosten anderer betriebene Selbstverwirklichung keineswegs zu dynamischen Persönlichkeiten. Die Egozentriker verhärten in ihrem Abwehrkampf gegen alles, was Forderungen an sie stellen könnte, zunehmend und erscheinen uns als festgefahren, unflexibel und wenig kreativ. "Im Streben nach Geltung und Anerkennung, nach Macht und Besitz, aber auch in den Ansprüchen der Rechthaberei, der Eitelkeit und eines manierierten Intellektualismus geht es um die Festigung, Behauptung und Durchsetzung überhöhter Ich-Ansprüche" (Heinelt 1980, S. 67), die fruchtbares Denken erheblich erschweren.
Die dauernde Notwendigkeit und innere Bereitschaft, sich immer wieder auf andere Dus einzustellen, fördert hingegen Flexibilität und Kreativität und kann Denkimpulse von außen empfangen.
Die Schule kann entscheidend mithelfen, den Du-Sinn auszubilden. Sie muß zunächst die Zahl ihrer Meßlatten reduzieren, mit der alle Schüler an einer (willkürlichen) Norm gemessen werden und die je individuelle Leistung wahrnehmen lernen. Wenn das geschieht, wird das Reden von einer Spitzengruppe, den Schwachen usw. uninteressant; denn nun zeigen sich plötzlich 25 Individuen, deren jedes Wichtiges für das Zusammenleben beizutragen hat und in der nun erkennbaren Eigentümlichkeit beachtenswert ist. Der Gewinn für unsere Gesellschaft und in ihr speziell für das Wirtschaftsleben kann

kaum überschätzt werden, wenn die stumpfsinnige Gleichmacherei aufgegeben würde und mit einem wachen Du-Sinn ausgestattete Individualitäten sich zu Persönlichkeiten entwickeln könnten.
Bereits der Freiherr vom Stein hat in seinen Denkschriften aufgezeigt, daß ein Gemeinwesen zu ungeahnter Blüte gelangen kann, wenn an die Stelle von Befehl und Gehorsam und Unterwerfung das Miteinander bei der selbstverantworteten Tätigkeit der Menschen tritt, wenn die Initiative vieler einzelner zum Wohle des Ganzen genutzt wird. (Vgl. Nassauer Denkschrift von 1807)
Damit die freien Kräfte vieler Menschen im Staat, im gesellschaftlichen Leben, in der Wirtschaft wirksam werden können, müssen in unserer Zeit gerade auch die mittleren und unteren Ebenen in den verschiedenen Bereichen mehr selbstverantwortete Tätigkeit zulassen. Hier fehlt es zur Zeit oftmals noch an souveränen Menschen, die eigenständig denkende Mitarbeiter neben sich ertragen können. Es ist dringend erforderlich, daß schon in der Schule mit dem Übermaß an gleichmacherischen Zwängen gebrochen wird, die eine Herausbildung starker Persönlichkeiten verhindern. Wenn aber jede Individualität in ihrer eigenen Wertigkeit gesehen und allen das gleiche Entfaltungsrecht eingeräumt wird, hat der aus dem unsinnigen Vergleich völlig unterschiedlicher Individuen entstehende falsche Ehrgeiz so wenig Chancen wie der aus der Gleichmacherei resultierende Neid.

3 Uns wird die Ansicht tradiert, das von ferne Kommende sei dem aus der Nähe Stammenden deutlich überlegen. Das hat in der Sprache einen Niederschlag gefunden. Im Niederdeutschen sagt man: "Dat es nich wiet hiär" (Das ist nicht weit her.), wenn etwas abqualifiziert werden soll. Und wir sind oftmals in der Erwartung des Vortrages von einem weit angereisten Referenten weit positiver eingestellt als wenn der Vortragende aus der eigenen Stadt oder sogar "nur" aus dem eigenen Kollegium kommt. So wird auch der Bericht über ein möglichst fernes Land, auch wenn er nur das sattsam Bekannte wiedergibt und Postkartenklischees als Dias zeigt, höher bewertet als der differenzierte Bericht über eine nahe gelegene Landschaft oder Stadt, auch wenn er eine Fülle interessanter neuer Details enthält.

Die Überbewertung des Fernen wäre nicht sonderlich bemerkenswert, wenn sie nicht auch den mitmenschlichen Bereich umfaßte. Wir lassen uns leichter auf eine Spende zugunsten einer fernen Notlage ein als dem in schlimmer Not stehenden Nachbarn zu helfen. Was sehr fern ist, schrumpft auf einige wenige Situationsmerkmale zusammen, die breiten Bevölkerungsschichten leicht zu vermitteln sind. Die naheliegende Not zeigt sich in ihrem gesamten lebensvollen Geflecht. Hier wird sogleich die Andersartigkeit des in Not geratenen Menschen, seine Bequemlichkeit, das Selbstverschuldete, die Undankbarkeit und vieles andere sichtbar, das nicht unserem Bild von einem entspricht, der unserer Gabe würdig wäre. Und doch wäre es wichtig zu lernen, daß wir helfen müssen, ohne daß der Hilfsbedürftige sich unserem Menschenbild anpaßt, sondern seine Würde behält.

Die Vernachlässigung der Not in unserem eigenen Lebenskreis ist aber vor allem auf die unzureichende Ausbildung unseres Du-Sinns zurückzuführen. Wo auf das Du abgehoben wird, geht es uns fast immer um das Ich. Schließlich kann ich erst im Du mein eigenes Menschsein - wie in einem Spiegel - erkennen. Das Gegenüber ist mir nützlich zu meiner Selbstverwirklichung. Der Andere regt meine Gedanken, meine Gefühle an. Immer wird das Du benutzt, ausgenutzt, um des eigenen Vorteils willen, und kann zurückgeschoben, vernachlässigt, verlassen werden, wenn es nichts mehr hergibt. Der Sinn für das eigene Ich überlagert alles. Das andere Ich (insofern spricht Steiner hier von einem "Ich-Sinn", Steiner 1982, S. 130 f.), das Du ist Mittel zum Zweck und wird nicht oder doch zu wenig in seiner Einmaligkeit, seinen Hoffnungen, seinen Bedürfnissen, Kümmernissen und seiner Not als gleichwertig neben uns selbst erfaßt.

Sollte es gelingen, den Du-Sinn in unserer Gesellschaft zu sensibilisieren und zu aktivieren, und das kann nur im jeweiligen Lebenskreis erfolgen, würde auch unsere Sicht von der Not in fernen Ländern und der zu erbringenden Hilfe eine andere Qualität bekommen. Zur Zeit ist die an einen fernen Ort gegebene Hilfe bequem, ebenso die einer mildtätigen Vereinigung zur Verfügung gestellte Spende. Man geht keinerlei Verantwortlichkeit ein mit solchen Spenden. Niemand hat das Recht, weiteres von uns zu fordern. Wir kaufen ganz einfach unser schlechtes Gewissen frei.

Ganz anders die einem Du unmittelbar gegebene Hilfe, bei der jedes Wort weiteren Zuspruch erhoffen läßt, jede gegebene Hilfe Folgerungen nach sich ziehen kann, denen nicht leicht auszuweichen ist. Hier lassen wir uns als ganze Person ein und erfahren möglicherweise in der Person des Gegenübers die ganze Beschwernis echter Hilfe - allerdings auch die Bereicherung, die der andere Mensch trotz oder gerade wegen seiner mißlichen Situation für uns sein kann. Ohne dieses Sich-Einlassen auf die Dus in unserem engeren Lebenskreise bleibt unser Verhältnis zu den Notleidenden in ferneren Teilen der Welt weiterhin unverbindlich und oberflächlich, kaufen wir uns weiterhin billig von unserer Verantwortung frei, die wir diesen Menschen gegenüber haben, spenden zwar, nehmen die Menschen aber nicht als Gesprächspartner an zu einem Dialog Gleichberechtigter, der mühsam verlaufen kann, beschwerlich ist und die eigene gesichert erscheinende Position nicht selten in Frage stellt.

4 Dem Bemühen um die Ausbildung des Du-Sinns subsumieren wir die Ziele des sozialen Lernens für den Umgang des einzelnen mit den anderen, wie sie z. B. von Gerold Becker formuliert worden sind:

"- Sensibel werden für die Empfindlichkeiten des anderen (Einfühlung lernen)
- Achtung vor der Autonomie des anderen lernen
- lernen, mit fremder körperlicher Gesundheit schonend umzugehen
- Achtung vor dem Eigentum eines anderen (auch der 'Allgemeinheit') lernen ...
- fähig werden zu stabilen affektiven Bindungen an andere (auch an Tiere, Dinge) und sie in Worten und Gesten ausdrücken lernen ...
- spontanes Mitleid und Hilfsbereitschaft gegenüber Schwachen und Hilflosen empfinden lernen
- Phantasie für soziale Situationen entwickeln ...
- für die eigene Wirkung auf andere empfindlich werden
- Zuverlässigkeit, Hilfsbereitschaft und Freundlichkeit als Bedingungen des gemeinsamen Lebens erfahren und bejahen, ihre Formen beherrschen lernen ...
- ... neugierig auf neue Menschen sein, Bekanntschaft mit Menschen aus ganz anderen Lebenskreisen, Altersstufen, Kulturen usw. suchen

  ... Grundverfahren des politischen Handelns beherrschen lernen ..."
  (Becker in Kron, S. 71)

Bei der Befolgung dieser und weiterer Teilziele kommt es m. E. auf eine Grundhaltung an, wie sie z. B. von Carl C. Rogers formuliert wird: "Ich bin zu der Überzeugung gelangt, daß eine der befriedigendsten Erfahrungen, die ich kenne - und auch eine der Erfahrungen, die andere am meisten in ihrer Entwicklung fördert - die ist, daß wir den anderen Menschen genau wie z. B. einen Sonnenuntergang zu würdigen wissen. Menschen können etwas ebenso Wunderbares haben wie ein Sonnenuntergang, wenn wir sie das sein lassen, was sie sind; denn vielleicht können wir einen Sonnenuntergang nur deshalb wahrhaft schätzen, weil wir ihn nicht beherrschen können. Wenn ich, wie neulich, einem Sonnenuntergang zuschaue, höre ich mich nicht sagen: 'Das Orange ein bißchen an der rechten Seite dämpfen und unten ein bißchen mehr Rot hintun, und die Wolken mit etwas mehr Rosa anpinseln!' Man macht das nicht. Man versucht nicht, einen Sonnenuntergang zu manipulieren. Mit Ehrfurcht beobachtet man, wie er sich entwickelt. Ich mag mich am liebsten, wenn ich meinen Mitarbeiter, meinen Sohn, meine Tochter, meine Enkel in derselben Weise sehen kann: als sich entfaltendes Leben, vor dem ich Achtung habe." (Rogers 1974, S. 228)
Wenn wir solche Gedanken aufnehmen, wird deutlich, daß wir die Realisierung von Zielen des sozialen Lernens nur in Situationszusammenhängen anstreben dürfen, die dem einzelnen die Entscheidungsfreiheit zu ganz individuellen Ausprägungen lassen. Das entspricht auch Korczaks Sichtweise. Korczak hatte bekanntlich "das Recht des Kindes auf Achtung" postuliert (Korczak 1973) und das "Recht des Kindes, so zu sein, wie es ist" gefordert (Korczak 1967, S. 40). Diese Rechte, von Korczak für Kinder formuliert, aber doch als allgemeine Menschenrechte verstanden, sind nach seiner Ansicht unbedingt zu respektieren. Jede Manipulation des Menschen, aus politischen, religiösen, wissenschaftlichen oder anderen Motiven, ist strikt abzulehnen. Ich darf anregen, und "ich vermag zu wecken, was in der Seele schlummert, aber ich kann nichts neu schaffen." (Korczak 1967, S. 214) Das Kind lieben, ohne es beherrschen zu wollen, das ist Korczaks großes Thema, der Versuch einer vorbehaltlosen Liebe. (Vgl. Kluge u. a. 1981)
Von hier aus führt ein weiterer Schritt zu Martin Bubers Ansatz, nun aber ganz bezogen auf ein Miteinander in der Ich-Du-Beziehung un-

ter religiösem Anspruch. Bei ihm gewinnt das Menschsein "erst in der Gestaltung des Zwischenmenschlichen seine Sinnhaftigkeit... Erst in dem Maße, wie das Ich zur Verwirklichung des Du beiträgt, gelingt Selbstverwirklichung." (Röhrs 79, S.14)

5 In keinem anderen Bereich durchdringen und beeinflussen Übungsabläufe die Lernprozesse so tiefgreifend wie beim sozialen Lernen. Und in keinem anderen Bereich auch müssen kognitive, soziale, affektive und praktische Lernprozesse so eng miteinander verbunden sein, wenn dauerhafte Erfolge erzielt werden sollen. Die rein verbalen Einlassungen der Lehrer zum wünschenswerten Sozialverhalten und die Appelle, Leitlinien des Zusammenlebens zu beachten, sind nicht mehr als blasse Vorgaben für unverbindliche Redeübungen. Das ist nicht anders bei klug ausgewählten Situationsbeschreibungen vom Handeln anderer Menschen oder beispielhafter Lebensbilder, die in Texten und Filmen angeboten werden. Sie fordern im allgemeinen das kognitive Engagement der Schüler heraus, leiten aber keine Verhaltensänderungen ein. Aber an Menschen, die das Verhalten anderer besserwisserisch kritisieren können, ohne daraus Konsequenzen für das eigene Verhalten zu ziehen, hat unsere Gesellschaft mehr als genug.
Eine Möglichkeit für die praktische Sozialerziehung im Sinne einer Verbesserung des Du-Sinns hat bereits Friedrich Wilhelm Foerster aufgezeigt: "Was nun zunächst das Prinzip der Übung betrifft, so kommt es darauf an, schon dem Knabenalter weit mehr Gelegenheit zur Betätigung von Fürsorge und Hilfe bereitzustellen. Vor allem würde die Heranziehung zur Krankenpflege und die entsprechende Vorbereitung durch Samariterkurse hier von großer Bedeutung sein. Das praktische Tun wird aber nur dann wirkliche Seelenkräfte wekken, wenn es begleitet wird von einer sorgfältigen Anleitung, sich in die Bedürfnisse leidender Menschen hineinzudenken. Eben in diesem Loskommen vom eigenen Ich, in dieser Gymnastik des 'Mitfühlens' liegt der Gewinn solcher Betätigung. So kann die Beschäftigung mit den vielseitigen Bedürfnissen eines Kranken überhaupt eine Schule für das Denken an andere werden ..." (Foerster, 1964, S. 6)
Wie praktische Sozialerziehung in unserer Zeit aussehen kann, beschreibt Silvia Booz-Ebert am Beispiel des Landerziehungsheims

Birklehof, das in der Tradition Kurt Hahns steht: "Die Schüler, die sich in einem der Sozialdienste engagieren, haben es sich zur Aufgabe gemacht, in der Umgebung der Schule Bereiche aufzuspüren, in denen tatkräftige Hilfe gefordert ist. Das ist manchmal gar nicht so einfach, denn auch helfen will gelernt sein. Es gilt, zunächst einmal Vertrauen in der Umgebung, fern des gewohnten Internatslebens, aufzubauen und Zutrauen zu den eigenen Fähigkeiten zu entwickeln. Die Sozialdienste eröffnen den Schülern neue Erfahrungsbereiche und konfrontieren sie mit besonderen Anforderungen. Das Wesentliche, was sie dort lernen, sind Zuverlässigkeit, Sensibilität für die Probleme anderer Menschen und die Anteilnahme an deren Sorgen, Flexibilität und Phantasie, da sie sich in immer neuen Situationen angemessen verhalten müssen. Wie unerläßlich ein gutes Durchhaltevermögen ist und wie ernst die übernommene Verantwortung, wird deutlich, wenn man sieht, wie sehr Menschen mit wenig Kontakten, seien es Ausländer oder alte Menschen, sich an die sie betreuenden Jugendlichen binden.

Eine der wichtigsten Erfahrungen, die Schüler machen, ist die, unmittelbar gebraucht zu werden ... Eine andere Erfahrung wird in manchen Fällen die Einsicht sein, wie wichtig es ist, über Fachkenntnisse zu verfügen, die man direkt und helfend weitergeben kann. Für den ein oder anderen kommt dazu die Berührung mit Menschen aus einer anderen Gesellschaftsschicht, einem anderen Kulturkreis oder einer anderen Altersgruppe und damit die Auseinandersetzung mit Werten, die sich von den eigenen unterscheiden." (Booz-Ebert, S. 62 f.)
Auch die Schülerinnen und Schüler staatlicher Schulen sollten an derartige Aufgaben herangeführt werden, bei denen eigene Erfahrungen gemacht werden können und der Du-Sinn sensibilisiert wird. Verpflichtungen für einen anderen zu übernehmen, müssen die Schüler natürlich auch im Raum der Schule selbst lernen, z. B. in der Organisationsform des Schülermentorats. "Jeder Schüler der Unterstufe kann sich einen Mitschüler seines Vertrauens auswählen und ihn bitten, sein Mentor zu werden. ... Der Schülermentor gibt seinem Schützling Rat und Orientierungshilfe. Dies ist besonders wichtig für Schüler, die neu sind, oder solche, die sich nicht leicht integrieren. Sie werden in die Gepflogenheiten der Schule eingeführt und erhalten Anregungen und Unterstützung, zum Beispiel bei der Gestaltung der Freizeit oder der Wahl von Arbeitsgemeinschaften.
In gemeinsamen Gesprächen werden Sorgen und Probleme erörtert, die der ältere Schüler oft aus eigener Erfahrung kennt. Deshalb ist er ein geeigneter Gesprächspartner." (Booz-Ebert, S. 51)
Solche Schülermentorate lassen sich in Internaten und Ganztagesschulen am ehesten realisieren. Sie sind aber auch für die Halbtagesschule ebenso von Bedeutung wie die "Patenschaften", von denen Peter Petersen berichtet. Zu Schuljahresbeginn finden sich ältere Schüler, die jeweils einem der Schulanfänger während der nächsten Monate helfen wollen, sich im Schulleben zurechtzufinden. "Bei allen gemeinsamen Feiern sitzen die Großen neben ihren Patenkindern auf festen Plätzen, die eine Ehrung innerhalb der Schulgemeinde bedeuten." (Petersen 1927/ 1980, S. 42) Bei Schulschwierigkeiten des jüngeren Schülers hilft der Pate. "Irgendwelche Spuren der Überheblichkeit den Jüngeren gegenüber konnten wir niemals beobachten. Solche Paten wären von der Gruppe, der sie angehören, niemals

gewählt oder in diesem Ehrenamte geduldet noch von der Untergruppe ertragen worden." (a. a. O.)

Elemente dieses Verfahrens finden sich durchaus an öffentlichen Schulen, wo Hauptschüler sich um Erstkläßler kümmern, Schüler der 10. oder 11. Klasse des Gymnasiums um die Übergänger. Ältere Schüler, die auf bestimmten Gebieten Experten sind, organisieren freiwillige Arbeitsgemeinschaften. Sie wählen Bilderbücher aus, die den Erstleseunterricht ergänzen. Sie treten als Helfer im Sportunterricht auf, so daß z. B. freie Gerätewahl ermöglicht werden kann. Sie helfen Schülern über eine schwache Arbeitsphase hinweg.

Zahlreiche LehrerInnen haben längst erkannt, daß ältere Schüler weniger stören und zerstören, wenn sie Verantwortung für andere tragen, daß die Schullust steigt, wenn Schüler bei echten Aufgaben gefordert sind, daß beim Auswählen von Literatur, Spielen etc. für jüngere Schüler tiefer in die Sachverhalte eingedrungen wird als beim frontalen Unterricht, daß der "lehrende" ältere Schüler mindestens ebensoviel Gewinn von der Hilfe hat, wie der jüngere, dem sie zuteil wird. Die so wachsenden menschlichen Beziehungen können das gesamte Schulleben positiv verändern.

Pädagogen dürfen sich nicht damit begnügen, nur die widrigen Umstände aufzuzählen, die eine produktive Arbeit in der Schule erschweren und fast unmöglich machen: die kinderfeindliche Umwelt, negative Einflüsse von Massenmedien, zerrüttete Elternhäuser etc. Und nichts davon ist falsch. Nur arbeitet in der benachbarten Schule ein Kollegium und vielleicht sogar ein Klassenzimmer weiter eine Lehrkraft mit Kindern, die auch diesen widrigen Umständen ausgesetzt sind, die keinen Terror veranstalten, gern in die Schule gehen, gar nicht daran denken, sich dem Unterricht zu entziehen und nicht in die Krankheit flüchten. Sie fühlen sich nicht nur von ihren Lehrern angenommen, sondern auch von ihren Mitschülern, die nicht höhnisch lachen, wenn einem etwas mißlingt, die sich über gelungene Leistungen anderer mitfreuen können, die nicht zum Maßstab für alle machen wollen, was sie selbst gut können, sondern das individuell unterschiedliche Potential beachten, aus dem heraus Leistung entsteht. Und in solchen Klassen wird zumeist sogar ein Höchstmaß an Leistung erbracht. Aber die objektiv beste Leistung wird nicht besonders hervorgehoben, sondern die Anstrengung des einzelnen

Schülers anerkannt. Solchen Klassen ist es selbstverständlich, gemeinsam Ziele zu verfolgen, im Gespräch, bei der Partnerarbeit, der Gruppenarbeit, im Projekt. Hier ist es selbstverständlich, Hilfe zu geben und Hilfe anzunehmen. Hier werden unterschiedliche Ansichten, Wünsche und Forderungen als belebendes Element für das Miteinander genommen.

7 Wer in unserer Zeit junge Menschen beobachtet, hat es zuweilen schwer, in ihrem Verhalten Richtung und System zu finden. Viele erscheinen völlig außengesteuert und tendieren, den jeweiligen Reizen der Außenwelt gehorchend, in schnell wechselnder Folge in die unterschiedlichsten Richtungen oder entziehen sich dem gesellschaftlichen Leben ganz. Da die unterschiedlichsten Einflüsse - einer Lichtorgel gleich - in schnellem Tempo abwechseln, erscheint auch die Reaktion der so Stimulierten wirr und chaotisch.
Wir haben den jungen Menschen zwar die Freiheit gegeben, sich selbst zu bestimmen, den Heranwachsenden aber nicht gezeigt, wie das zu leisten ist. Wir haben die Persönlichkeitsbildung den Zufälligkeiten überlassen und damit versäumt. Die dafür zuständige Instanz, die Alfred Adler das "kreative Selbst" genannt hat (Adler 1929) ist bei den meisten wenig ausgebildet. Das "kreative Selbst" ist nach Adler die wichtige Instanz, die zwischen die auf den Menschen einwirkenden Stimuli und seine Reaktionen eingeschaltet wird. Ohne diese Instanz wäre menschliches Verhalten ein bloßer Reiz-Reaktions-Mechanismus. Erst das dazwischentretende "kreative Selbst" eröffnet die Möglichkeit der menschlichen Freiheit und ermöglicht der Persönlichkeit, sich selbst zu bestimmen. Auch die menschlichen Triebe sind der Beurteilung durch das "kreative Selbst" unterworfen und können das menschliche Verhalten nicht bedingungslos bestimmen. Der so gesehene Mensch muß nicht alles, was ihm widerfährt, als schicksalhaft hinnehmen, sondern kann sein Leben, wenn auch in Grenzen, selbst gestalten. Entscheidend ist der Aufbau einer Lebensleitlinie durch den Menschen, an der sich sein Verhalten orientieren kann, die ihm Kriterien für die Auswahl aus der riesigen Angebotsfülle liefert.
In offenen pluralistischen Gesellschaften wächst die Bedeutung solcher Lebensleitlinien. Ständische Gesellschaften geben die zu befol-

genden Normen vor und setzen bei ihrer Nichtbefolgung Sanktionen in Gang. Je mehr kirchliche, weltanschauliche und staatliche Normgebung in Frage gestellt wird, um so mehr ist das Individuum zur Selbstbestimmung freigesetzt. So wenig wie aber jeder einzelne alle Erfindungen der Menschheit aus sich heraus noch einmal machen oder alle Arbeitsmethoden, deren sich Wissenschaft, Arbeits- und Gesellschaftsleben bedienen, selbst entwickeln kann, so wenig ist er in der Lage, ohne jedes Vorbild zu der höchstmöglichen Qualität seiner Selbstbestimmung zu gelangen. Ein Laisser-faire bei der Persönlichkeitsbildung führt leicht ins Chaos. Im Gegensatz zu der an starren Vorbildern orientierten Erziehung vergangener Zeiten sind heute den Heranwachsenden Alternativen anzubieten, Beispiele, wie Leben geführt werden kann, und Übungsräume zu schaffen.

Im Rahmen unserer Integrierten Reformpädagogik besteht seit einigen Jahren das Projekt "Begegnungen". Einen ersten großen Schwerpunkt des Projektes habe ich im Zusammenhang meiner Schrift "Freies Lernen - verantwortliches Handeln" beschrieben und gebe hier daraus einen Auszug wieder:

Was dem jungen Menschen helfen kann ist nicht das belehrende Wort, überhaupt nicht unser Wort allein, sondern die Teilhabe am gelebten Leben. Der Geist, aus dem heraus ein Mensch tätig wird, zeigt sich auch heute noch bei manchen Menschen in der Komplexität ihres Handelns. Wer an diesem Gefüge von Leben und Tun teil hat, wer sich in das gesamte Lebensfeld hineinnehmen läßt, ja, geradezu darin "eintaucht", erfährt ganz unmittelbar den Geist, der darin wirkt... Wir führen "Begegnungen" der einzelnen jungen Menschen mit Männern und Frauen herbei, die ihren Weg gefunden haben, "Begegnungen", in deren Verlauf emotionale Betroffenheit, Verantwortlichkeit, praktische Arbeit und rationales Erfassen eine Einheit bilden. Die Gesamtverantwortung bleibt in Händen des Menschen, der sich den Bereich als Lebensaufgabe gewählt hat und den Gast für zwei bis vier Wochen aufnimmt und ihn am Leben und an der Arbeit teilnehmen läßt und zum Gespräch bereit ist. Es sind Pfleger in Krankenhäusern, Erzieherinnen bei Behinderten, Mönche und Ordensfrauen ebenso wie Künstler, Bauern und Handwerker, die zu solchen Begegnungen bereit sind. Die jungen Menschen erfahren die Gesamthaltung bei Hunderten von kleinen Begebenheiten, deren jede ein Spiegel des Ganzen ist. So gelingt ganzheitliches Aufnehmen, bei dem anfangs eher eine Stimmung empfunden wird und die rationalen Prozesse erst später einsetzen. ... Wenn der Jugendliche oder der junge Erwachsene nach mehreren Begegnungen zwangsläufig in Vergleiche eintritt, wird die kritische Reflexion auf dem Hintergrund der Achtung vor diesen "gelebten Leben" zur Ausprägung einer ganz individuellen sinnorientierten Lebenslinie führen können.

8 Einen zweiten Schwerpunkt bilden die Begegnungen von jungen Menschen, die unterschiedlichen ethnischen, kulturellen oder ideologischen Gruppen angehören.
Bei oberflächlicher Betrachtung könnte angenommen werden, diese Art von Begegnungen ergebe sich in unserer Zeit bereits in den vielfältigsten Formen. Doch der Schein trügt. Zwar wurde nie so viel und so weit gereist wie in der Gegenwart. Doch die ins Ausland fahrenden größeren und kleinen Reisegruppen bleiben in sich abgekapselt, bilden im Ausland gewissermaßen kleine Kolonien, in denen man ganz unter sich ist und nach den eigenen Wertvorstellungen leben kann. Die sehr sporadischen Berührungen mit der Bevölkerung des besuchten Landes beschränken sich auf das Bestellen des Mittagessens, den Kauf von Ansichtskarten und bei Geschäfts- und Dienstreisen auf fachliche Gespräche. Die Programme der Reiseveranstalter sind ja auch bewußt auf die stein- oder bildgewordene Vergangenheit ausgelegt, auf Naturschönheiten auch, aber nicht auf die Menschen in der pulsierenden Gegenwart
Der Weg in das Vergangene ist natürlich ein sicherer Weg. Man kann alles Wissenswerte nachlesen oder sich vortragen lassen. Und es steht fest, was als wissenswert zu betrachten ist.
Das Eintauchen in das vielschichtige Alltagsleben ist erheblich gewagter: Es kann zu einseitigen und zufälligen Erkenntnissen führen. Man kann bei gutgemeinten Versuchen zurückgewiesen werden. Man kann dabei in seiner Selbstsicherheit erschüttert werden. Man kann recht dumm erscheinen. Und doch ist dies der einzige Weg, wenn wir über oberflächliches Reden hinauskommen wollen, uns auf die anderen Menschen einzulassen.
Leider bleiben auch viele Städtepartnerschaften völlig in Oberflächlichkeiten stecken, kommen kaum über die Besuche von Honoratio-

ren und Musikkapellen hinaus. Nur selten gelingt das Aufeinander-Zugehen von Menschen aller Bevölkerungsschichten, die ihre Freuden, Sorgen und Nöte ungeschminkt äußern, oftmals natürlich durch mangelnde Sprachkenntnisse bedingt

.Vor diesem Hintergrund und im Horizont des Ziels einer Völkerverständigung, die über die offiziellen Ebenen hinausreicht und durch ihre Verwurzelung in breiten Volksschichten krisenfest wird, muß der akademische Streit um die Vormachtstellung von Sprachen wie Krämertum wirken. Für eine dauerhafte Völkerverständigung kommen wir nicht daran vorbei, eine einzige Sprache als Weltsprache zu akzeptieren, die in den Schulen aller Länder als erste Fremdsprache gelehrt wird. Die Entscheidung, welche Sprache das sein muß, ist lange gefallen, auch wenn nationalistisches und fachegoistisches Denken den Durchbruch dieser Erkenntnis mancherorts noch hinauszögert. Unbestritten ist Englisch die Sprache der Wissenschaft, der Technik, des Luftverkehrs und zunehmend der Wirtschaft, der Musik und der Mode, so daß Englisch hier bereits den Rang einer Weltsprache hat. Die Völker verlieren nichts von ihrer Identität, wenn sie Englisch als die Kommunikationssprache zwischen den Völkern anerkennen. Welche Sprachen sich daneben als Regionalsprachen durchsetzen werden, ist viel schwerer vorherzusagen.

Die Begegnungen von jungen Menschen unterschiedlicher Kulturen beginnen, wie alles, was der Sozialerziehung Niveau und Dauerhaftigkeit verleiht, "vor der Haustür". Es ist der enge Kontakt zu Schul- und Studienfreunden, zu Arbeitskollegen und Diskussionspartnern, mit dem das Fundament gelegt wird, ergänzt durch gemeinsame Feste und wechselseitige Besuche in den Familien.

Darüber hinaus scheinen mir Workcamps eine vorzügliche Möglichkeit zur personalen Begegnung zu sein. Beim gemeinsamen Planen, Ausführen und Überprüfen, Verwerfen und Korrigieren des Tuns kann sich jeder voll einbringen. Die Sprache erfährt dabei eine stete Ergänzung durch das Tun und verliert etwas von ihrem Hinderischarakter beim Sich-Näherkommen der Menschen verschiedener Sprachgemeinschaften. Schaumschlägereien und Besserwisserei haben vor der empirisch "mit den Sinnen" überprüfbaren Leistung wenig Chancen. Die gemeinsam zu lösende Aufgabe führt ebenso zu-

sammen wie das Zusammenleben rund um die Uhr mit seinen gemeinsamen Mahlzeiten und Festen. Ökologisch orientierte Projekte erhalten Vorrang, weil hier die größte Herausforderung für unsere Generation besteht und hier die gemeinsame Verantwortung für unsere eine Welt in besonderer Weise zum Tragen kommt.
Mit unserer Entscheidung für Workcamps stellen wir nicht die traditionellen Austauschprogramme in Frage, bei denen Jugendliche von Gastfamilien des aufnehmenden Landes betreut werden. Wir schätzen diese Form des Miteinander-Bekanntwerdens nicht gering, zumal die Verbesserung der Sprachkenntnisse nicht der einzige Gewinn dieser Aktlvitäten ist. Viel bedeutender ist das Bekanntwerden mit den oft andersartigen Wertvorstellungen anderer Zivilisationen und Kulturen. Aber gerade hier haben die Austauschprogramme ihre Grenzen, da sie, primär als Sprachtrainingprogramme konzipiert, fast ausschließlich auf Großbritannien, die USA und Frankreich bezogen sind.

9 Ein dritter Schwerpunkt der erforderlichen Begegnungen betrifft die Lehrerbildung. Ich halte es im Hinblick auf eine qualifizierte, individuell gestaltete, gesellschaftsbezogene Schulausbildung für verhängnisvoll, wenn die Kinder und Jugendlichen in den allgemeinbildenden Schulen ausschließlich von Lehrkräften erzogen werden, die von der Schulbank über den Hörsaal in die Klassenzimmer gekommen sind, die das differenzierte Wirtschaftsleben unserer Gesellschaft nur aus Büchern und vom Hörensagen her kennen. Wer nie den Arbeitstag und die Arbeitswoche in einem Industriebetrieb, einem Handwerksbetrieb o. dgl. auf sich genommen hat und nie bei fordernder praktischer Arbeit ganz auf sich gestellt war oder in der Kolonne oder im Team bei verantwortungsvoller Arbeit auf die Arbeitskollegen angewiesen war, weiß nicht, wovon er redet, wenn er mit seinen Schülern Texte über Menschen im Arbeitsprozeß bespricht, mit ihnen politische Entscheidungen diskutiert, die solche Arbeitsfelder betreffen, und Ratschläge für die Berufswahl gibt.
Was hier zu fordern ist, läßt sich nicht über Betriebsbesichtigungen einfangen. Unabdingbar ist, wie auch bei den anderen genannten Begegnungsfeldern, daß man eine Zeitlang bei seiner Tätigkeit und im Umgang mit den Menschen in ihrem Feld als ganze Person bean-

spruccht wird - und das ist nur der Fall, wenn man verantwortlich mitarbeitet und, wenigstens während eines begrenzten Zeitraums, die Sorgen und Probleme der in diesen Arbeitsfeldern Tätigen teilt.

Die ungünstige Einstellungssituation für junge Lehrer hat es in den vergangenen Jahren mit sich gebracht, daß zahlreiche gut ausgebildete Lehrerinnen und Lehrer im Wirtschaftsleben tätig geworden sind. Es bleibt abzuwarten, ob die Verantwortlichen in den Kultusministerien bei der zunehmenden Entspannung der Einstellungssituation die Chance erkennen und wahrnehmen, durch die Hineinnahme dieser in vielfältigen Arbeitsfeldern erfahrenen Gruppe in das Beamtenverhältnis die allgemeinbildenden Schulen wieder stärker in das gesamtgesellschaftliche Gefüge einzubinden. Unverzichtbar ist aber auch, daß auf Dauer ein höherer Prozentsatz der Lehrerstudenten für einige Zeit in Industriebetrieben arbeitet. Der Zeitraum zwischen dem ersten Staatsexamen und dem Beginn des Referendariats, der für viele fünf Monate umfaßt, könnte hier sinnvoll genutzt werden. Noch günstiger wäre allerdings eine Phase praktischer Arbeit bereits während der ersten oder zweiten Semesterferien, damit auch das Studium schon auf dem Hintergrund solcher Erfahrungen erfolgen könnte.

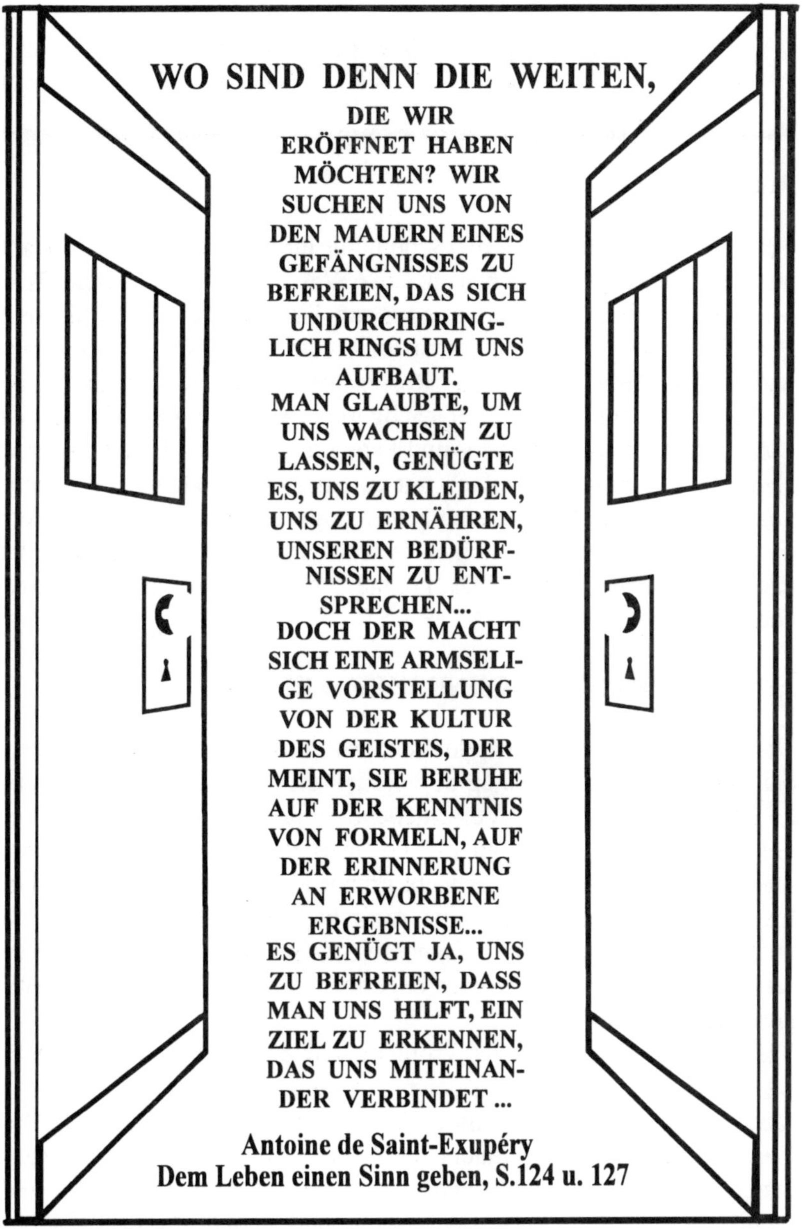

WO SIND DENN DIE WEITEN,

**DIE WIR
ERÖFFNET HABEN
MÖCHTEN? WIR
SUCHEN UNS VON
DEN MAUERN EINES
GEFÄNGNISSES ZU
BEFREIEN, DAS SICH
UNDURCHDRING-
LICH RINGS UM UNS
AUFBAUT.
MAN GLAUBTE, UM
UNS WACHSEN ZU
LASSEN, GENÜGTE
ES, UNS ZU KLEIDEN,
UNS ZU ERNÄHREN,
UNSEREN BEDÜRF-
NISSEN ZU ENT-
SPRECHEN...
DOCH DER MACHT
SICH EINE ARMSELI-
GE VORSTELLUNG
VON DER KULTUR
DES GEISTES, DER
MEINT, SIE BERUHE
AUF DER KENNTNIS
VON FORMELN, AUF
DER ERINNERUNG
AN ERWORBENE
ERGEBNISSE...
ES GENÜGT JA, UNS
ZU BEFREIEN, DASS
MAN UNS HILFT, EIN
ZIEL ZU ERKENNEN,
DAS UNS MITEINAN-
DER VERBINDET ...**

**Antoine de Saint-Exupéry
Dem Leben einen Sinn geben, S.124 u. 127**

LERNZIRKEL

Annelie Knapp:

Frau S. blättert zu Hause die Schulhefte ihrer Tochter durch. "Habt ihr das heute im Unterricht gemacht? Was ist denn mit diesem Text hier los? Der hört ja mitten im Satz auf. Und hier, in Mathe, da sind ja auch einige Aufgaben nicht zu Ende gerechnet." Die Tochter verteidigt sich: "Ich wollte keine Rechtschreibfehler machen und habe deshalb noch ein paar Wörter nachgeschlagen. Die meisten anderen waren aber schon eher fertig und haben angefangen, Unsinn zu machen. Da hat Frau M. einfach mit einem anderen Thema begonnen. Und in Mathe, da bin ich eben etwas langsam, das weißt du ja. Herr E. hat da gemeint, jetzt müßten ja wohl alle fertig sein und hat die nächste Aufgabe gestellt. Da konnte ich nicht alles zu Ende machen."

JEDE(R) BRAUCHT SEINE/IHRE ZEIT

Unfertige Aufgaben in Schulheften, halb ausgefüllte Arbeitsblätter - das gehört leider zum Alltag in den meisten Schulklassen. Die Gründe liegen auf der Hand: Verschiedene Schüler benötigen in der Regel unterschiedlich viel Zeit für die Bearbeitung derselben Aufgabe, und natürlich können Lehrer nicht immer alle anderen warten lassen, bis auch der letzte Trödler eine Aufgabe beendet hat - das wäre ja auch eine Zumutung für die anderen, schnelleren Schüler. Zudem setzt die Schulglocke manchen begonnenen Aktivitäten ein vorzeitiges Ende.
Viele Lehrer nehmen dieses Problem sehr ernst und sehen deutlich, welche Gefahren mit unbeendeten Arbeiten verknüpft sind. Es ist ja nicht nur so, daß z. B. wichtige Merksätze, neue Begriffe oder Rechenbeispiele aufgrund unterschiedlichen Arbeitstempos von manchen Schülern nur unvollständig ins Heft geschrieben werden und damit als Gedächtnisstütze oder Nachschlagemöglichkeit nicht mehr

zur Verfügung stehen: Jede Arbeit, die unfertig bleiben darf, wird in ihrer Bedeutung entwertet, wird tendenziell für unwichtig oder sogar überflüssig erklärt. Auch fehlt das befriedigende Gefühl, das eine gelöste Aufgabe, ein bewältigtes Problem, eine beendete Arbeit mit sich bringt. Dies wiederum verringert die Motivation für weitere Arbeiten. Und vielleicht gelangen Schüler, die eine Arbeit vorzeitig abbrechen müssen, überhaupt gar nicht zu dem Punkt, an dem sie zum Kern einer Sache durchstoßen, an dem sich Erkenntnis von Zusammenhängen vollzieht, an dem Prozesse durchschaut werden und an dem sich dann auch Vertrauen in die eigene Lern- und Arbeitsfähigkeit einstellt.
Dabei sind es nicht immer nur die schwächeren Schüler, die mehr Zeit für eine Aufgabe benötigen: Gerade aus besonderem Interesse am Thema möchte sich jemand vielleicht einer Aufgabe intensiver zuwenden als andere, oder jemand braucht deshalb länger, weil er oder sie besonders hohe Anforderungen an sich stellt: Er oder sie will z. B. keine Rechtschreibfehler machen (wie in unserem Beispiel am Anfang) oder einen geschriebenen Text bunt verzieren, sich im Fremdsprachenunterricht möglichst originelle Sätze einfallen lassen, einen Flußverlauf in allen Details nachzeichnen usw.
Lehrer die diese Zusammenhänge durchschauen, versuchen, dann und wann Gelegenheiten zur Fertigstellung abgebrochener Arbeiten zu schaffen, etwa indem sie gelegentlich spezielle Unterrichtsstunden oder Teile davon für die Beendigung unfertiger Arbeiten ansetzen oder die betreffenden Restarbeiten als Hausaufgaben erledigen lassen. Diese Lösungen sind jedoch nicht immer unproblematisch: Spezialstunden oder -stundenteile wird man zumeist nur für die Beendigung besonders wichtiger Arbeiten "opfern" können, und immer bleibt ja das Problem, womit sich denn diejenigen beschäftigen sollen, die bereits früher fertiggeworden sind. Zu Hause fehlen oft die erforderlichen Hilfsmittel, und es besteht auch die Gefahr, daß eine Verlagerung von Restarbeiten nach Hause für die Schüler den Charakter einer Bestrafung erhält. Letztlich sind alle diese Möglichkeiten nur Reparaturen innerhalb eines didaktischen Ansatzes, der individuelles Arbeitstempo, individuelle Interessenschwerpunkte und individuell unterschiedliche Anforderungen an die eigene Arbeit eigentlich nicht berücksichtigt. Es fragt sich, ob sich nicht Verfahren

in den Unterricht einbeziehen lassen, die derartige Unterschiede von vornherein berücksichtigen.

LERNZIRKEL - EIN WEG ZWISCHEN FREIHEIT UND KONTROLLE

Es ist nicht nur die Freiarbeit, die sich hier als Antwort nahelegt. Auch z. B. die Arbeit mit Lernzirkeln bietet - neben anderen Vorzügen, über die später noch zu sprechen sein wird - die Möglichkeit, auf individuelle Unterschiede in der Zeit einzugehen, die für die Bearbeitung von Aufgaben benötigt wird.
Die Arbeit mit Lernzirkeln knüpft historisch an eine Arbeitsform an, die Helen Parkhurst 1920 in ihrem Dalton-Plan entwickelt hatte, um die Probleme des Unterrichtens an einem ungegliederten Schultyp mit Schülern unterschiedlicher Altersgruppen in den Griff zu bekommen. Sie hatte Facharbeitsräume mit Materialien ausgestattet, an denen die Kinder weitgehend selbständig und individuell an fachbezogenen Aufgaben arbeiten konnten. (Vgl. Parkhurst 1922 und Schwerdt 1959)
Das Grundprinzip der heutigen Lernzirkel besteht darin, daß verschiedene Schülerinnen und Schüler gleichzeitig an unterschiedlichen Stationen arbeiten, die im Klassenzimmer aufgebaut sind. An jeder Station finden die Schüler Material vor, das didaktisch so aufbereitet ist, daß es ohne Anleitung durch die Lehrperson zu bearbeiten ist, bzw. Aufgaben, die möglichst selbständig gelöst werden können. Die Schüler verweilen so lange an einer Station, wie es ihre individuelle Lösung der Aufgabe erfordert oder sie Interesse an dem angebotenen Material haben, und wechseln dann zur nächsten Station über. Die Schüler sind also nicht gezwungen, eine Arbeit abzubrechen, weil die meisten anderen schon damit fertig sind und nun gemeinsam, im Klassenverband, zur nächsten Arbeit vorangeschritten werden muß. Sie beenden die Arbeit auch nicht dann, wenn die Lehrperson dies anordnet, sondern sind frei, selbst zu bestimmen, wieviel Zeit sie für eine Aufgabe aufwenden.
Im Vergleich zur Freiarbeit findet bei der Arbeit mit Lernzirkeln eine wesentlich stärkere inhaltliche Steuerung statt: Lernzirkel orientieren sich an einem bestimmten Themenbereich des Lehrplans, der

für die Gestaltung der einzelnen Stationen in kleinere Abschnitte zerlegt wird. Alle Schüler arbeiten, obwohl sie zur selben Zeit mit unterschiedlichen Aufgaben beschäftigt sind, dennoch auf dasselbe Lernziel hin; sie tun also in gewisser Weise doch "dasselbe". Diese Eigenschaft von Lernzirkeln bietet den Vorteil, daß sie auch von solchen Lehrkräften gut gehandhabt werden können, die (noch) Probleme mit der relativ großen Freiheit bei der Freiarbeit haben und es vorziehen, stärker lehrplanorientiert zu arbeiten. Die Arbeit mit Lernzirkeln kann also zum einen als eine Alternative zur Freiarbeit gelten, zum zweiten als Ergänzung, zum dritten aber auch gut als eine Hinführung zur Freiarbeit: Schüler lernen, zunächst in inhaltlich begrenztem Rahmen, eigenverantwortlich, ohne spezielle Aufforderung durch den Lehrer, Arbeiten in Angriff zu nehmen, sie zu Ende zu führen und sich dann neuen Aufgaben zuzuwenden. Sie lernen auch - je nach Art des Lernzirkels in unterschiedlichem Maße (s. u.) - für sie geeignete Aufgaben auszuwählen und über die Reihenfolge ihrer Bearbeitung zu entscheiden; mit anderen Worten: sie lernen selbständiges Arbeiten.

Individualisierung bezüglich der Zeit, die für die Arbeit an einer Station verwendet wird, ist jedoch nicht die einzige Möglichkeit des Eingehens auf unterschiedliche Lern- und Arbeitsbedürfnisse von Schülern und damit nicht die einzige Gemeinsamkeit mit der Freiarbeit. Idealerweise tragen Lernzirkel auch den unterschiedlichen Präferenzen von Schülern im Hinblick auf Arbeitsformen und den Zugang zum Lerngegenstand über unterschiedliche Sinne Rechnung. So können Lernzirkel derart gestaltet werden, daß einzelne Stationen Einzelarbeit, andere Partner- oder Gruppenarbeit erfordern. Lernzirkel können nach multisensorischem Prinzip aufgebaut sein und die Schüler über Auge und Ohr, aber auch über Tast- und Geruchssinn und die Kombination von geistigem und manuellem Tun ansprechen. Insgesamt bietet die Arbeit mit Lernzirkeln erstaunliche Variationsmöglichkeiten, die im folgenden anhand einiger Variationsmuster und am Schluß anhand von Beispielen angedeutet werden sollen.

LERNZIRKEL-VARIATIONEN

In einer Basis-Version läßt sich ein Lernzirkel folgendermaßen graphisch darstellen:

Abb. 1

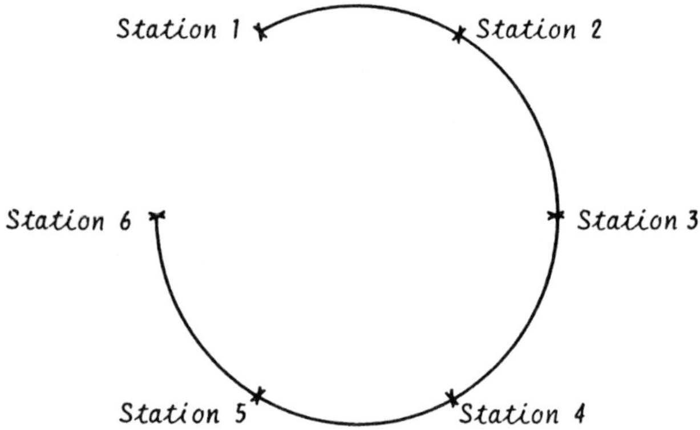

Die Zahl der Stationen ist dabei selbstverständlich frei wählbar. Schon diese Grundversion erlaubt zwei unterschiedliche Varianten: Die Reihenfolge, in der die einzelnen Stationen durchlaufen werden müssen, kann fest oder aber für die Schüler frei wählbar sein. Die Entscheidung darüber sollte vom jeweiligen Themenbereich und seiner didaktischen Strukturierung durch die Lehrperson abhängig gemacht werden. Wenn die Stationen systematisch aufeinander aufbauen und Ergebnisse der Arbeit an einer Station Voraussetzung für die Arbeit an der nächsten sind oder auch dann, wenn eine deutliche Staffelung im Schwierigkeitsgrad vorliegt, ist eine Festlegung der Reihenfolge erforderlich. Sind diese Voraussetzungen nicht gegeben, kann die Reihenfolge für die Schüler frei wählbar sein. Je nach Schulfach und der Ausprägung seines systematisch-logischen Charakters werden somit Präferenzen für eher feste oder eher freie Reihenfolgen bestehen.

Lernzirkel mit fester Reihenfolge lassen weitere Variationsmöglichkeiten zu: Obwohl die Reihenfolge der Stationen selbst festliegt, können Einstiegs und Endstation variabel sein. Hier liegen besonders gute Möglichkeiten für das Eingehen auf unterschiedliche Fähigkeits- und Fertigkeitsniveaus der Schüler. Während einige Schüler an frühen Stationen beginnen, die Aufgaben mit eher vorbereitendem Charakter enthalten oder Aufgaben, zu denen noch sehr viele Lösungshilfen gegeben sind, beginnen andere Schüler, die durch diese Aufgaben unterfordert wären, an einer späteren Station des Lernzirkels. Die meisten dieser stärkeren Schüler werden bis zur letzten Station des Lernzirkels vordringen, während diejenigen Schüler, die bei einer der ersten Stationen begonnen haben, nicht unbedingt auch die letzten Stationen durchlaufen. Die Schüler erreichen hier also Lernziele auf unterschiedlichen Niveaus. Sie können zu dem jeweiligen Niveau aber durch eine Serie abgeschlossener Arbeiten gelangen und auf einer Stufe beginnen, die einen einigermaßen lückenlosen Anschluß an ihren bisherigen Lernstand erlaubt. Wir sehen hier, daß die Tatsache, daß nicht alle Schüler notwendig alle Stationen des Lernzirkels durchlaufen, nicht ein didaktisches Problem sein muß, sondern vielmehr positiv für Differenzierung und Individualisierung genutzt werden kann. Der Englisch-Lernzirkel bei den im Anschluß an dieses Kapitel folgenden Beispielen ist ein Beleg für diese Version. Graphisch läßt sie sich so darstellen:

Abb. 2

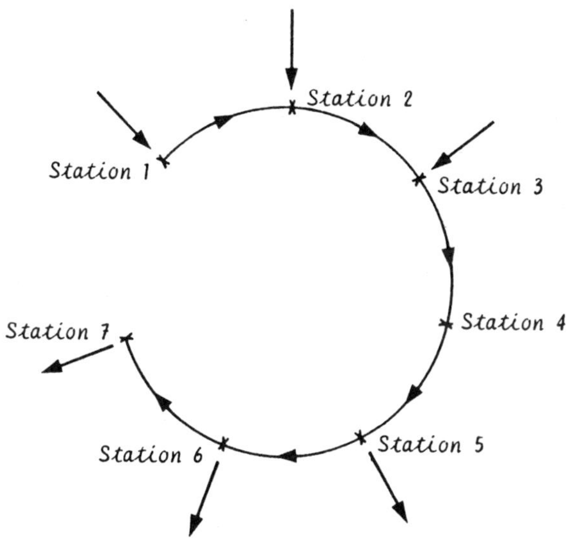

Eine andere Form der Differenzierung im Hinblick auf unterschiedliche Fähigkeits- und Fertigkeitsniveaus der Schüler besteht in der Bildung eines inneren und eines äußeren Lernzirkels, wobei z. B. der äußere Zirkel für alle Schüler obligatorisch, quasi das "Fundamentum", ist und die Stationen des inneren Zirkels fakultativ als "Additum" durchlaufen werden können.

Abb. 3

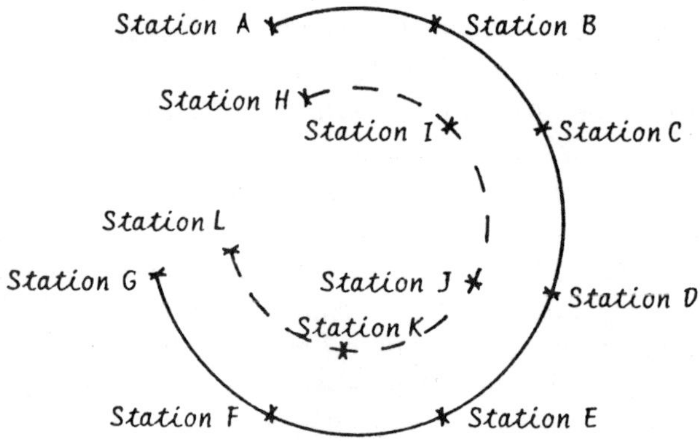

Die Bildung eines inneren und eines äußeren Zirkels ist nicht an eine feste Reihenfolge der Stationen gebunden, sondern läßt sich ebensogut auch für Lernzirkel mit frei wählbarer Reihenfolge durchführen. Durch den fakultativen Charakter des inneren Zirkels können übrigens auch gut Unterschiede in der von den einzelnen Schülern benötigten Arbeitszeit aufgefangen werden.
Eine wiederum andere Variante stellen solche Lernzirkel dar, bei denen für Schüler die Wahlmöglichkeit an einzelnen Stationen bestehen: Der Deutsch-Lernzirkel, der weiter unten vorgestellt wird, zeigt, wie die Schüler an bestimmten Stationen Wahlen bezüglich der Aufnahmekanäle, der Arbeitsform und des Themas treffen und somit den Lernzirkel ihren Lernbedürfnissen optimal anpassen können. An einer Station kann z. B. zwischen der Bearbeitung eines geschriebenen und eines auf Tonträger gesprochenen Textes gewählt werden;

an einer anderen Station können die Schüler selbst entscheiden, ob sie eine Aufgabe lieber in Einzel- oder in Partnerarbeit lösen möchten. An einer anderen Station kann dieselbe Aufgabe - "Beschreiben" - an unterschiedlichen Gegenständen bearbeitet werden, wobei die Schüler nach ihren jeweiligen Interessen entscheiden können. Diese Lernzirkel-Variante läßt selbst wieder ganz unterschiedliche Ausprägungen zu, so daß Lehrpersonen sie je nach Lernziel, Schülergruppe und zur Verfügung stehendem Material ganz flexibel gestalten können. Die folgende graphische Darstellung stellt daher wiederum nur eine mögliche Ausprägung dieser Variante dar:

Abb. 4

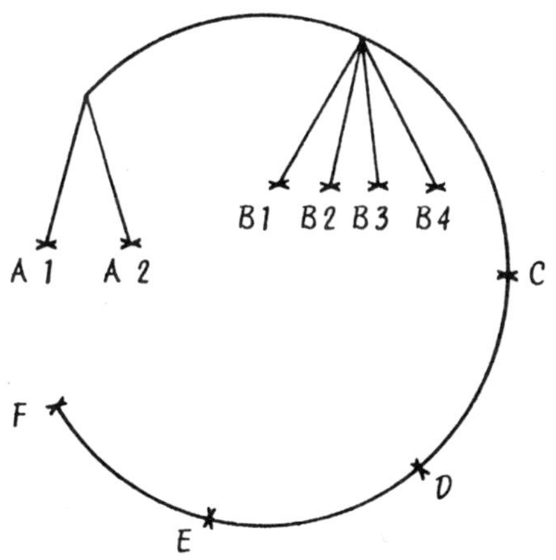

Variationsmöglichkeiten gibt es schließlich auch hinsichtlich des didaktischen Orts von Lernzirkeln. Sie können sowohl als Lernzirkel im engeren Sinne bei der Einführung neuen Stoffes eingesetzt werden als auch in der Form von Übungszirkeln bei der Einübung und Festigung des Lehrstoffes.

VORBEREITUNG DER ARBEIT MIT LERNZIRKELN

Gerade die Vielfalt der Gestaltungsmöglichkeiten macht es erforderlich, die Schüler vor Beginn der Arbeit an den einzelnen Stationen über die Struktur des jeweiligen Lernzirkels und die an den Stationen jeweils vorliegenden Aufgaben und Materialien genau zu informieren. Nur so kann sichergestellt werden, daß die Schüler nicht zufällig bestimmte Stationen aufsuchen, sondern ihren Arbeitsprozeß bewußt planen. Eine Skizze der Struktur des Lernzirkels an der Tafel und eine klare Kennzeichnung der einzelnen Stationen erlauben es den Schülern, jederzeit ihren Standort im Gesamtarbeitsprozeß zu erkennen und zu kontrollieren. Eine kurze Vorab-Erläuterung der Aufgaben und Materialien verhindert auch, daß die Schüler zunächst neugierig von Station zu Station wechseln, um sich über das Material- und Aufgabenangebot zu informieren. Vielmehr können sie sich gezielt der für sie geeigneten Einstiegsstation zuwenden und mit der Arbeit beginnen. Eine Menge unnötiger Unruhe entfällt so. Wenn alle Schüler zur selben Zeit mit dem Lernzirkel beginnen, können die einzelnen Stationen von der Lehrperson mündlich erläutert werden. Beginnen die Schüler zu unterschiedlichen Zeiten (s. u.), empfiehlt sich eine kurze schriftliche Beschreibung (an der Tafel oder auf Blättern, die den Schülern ausgehändigt werden), damit Schüler, die noch mit anderen Arbeiten beschäftigt sind, nicht gestört werden.
Es kann unter Umständen sinnvoll sein - besonders in Klassen, die weder die Arbeit mit Lernzirkeln noch Freiarbeit gewohnt sind, die Schüler über die bearbeiteten Stationen Buch führen zu lassen. Es genügt ein Blatt, auf dem jeder Schüler ankreuzt, an welchen Stationen er gearbeitet hat. Damit soll kein Druck auf die Schüler ausgeübt werden, möglichst alle Stationen zu "schaffen". Eine solche "Buchführung" erlaubt aber einerseits der Lehrperson, einen besseren Überblick über die von jedem einzelnen Schüler geleistete Arbeit zu gewinnen und Präferenzen für bestimmte Stationen zu erkennen - eine Information, die für die weitere didaktische Planung nützlich ist. Sie weist andererseits die Schüler darauf hin, daß die Freiheit bei der Arbeit im Lernzirkel keinesfalls Freiheit zum Nichtstun bedeutet.

KRITISCH: DIE ERSTE STATION

Wie verteilen sich nun die Schüler auf die einzelnen Stationen? Es wäre sicherlich keine sehr glückliche Lösung, wenn sich alle Schüler einer Klasse gleichzeitig auf dieselbe erste Aufgabe stürzen würden. Zum einen entstünde so ein unangenehmes Gedränge, zum anderen würde ein Grundprinzip des Lernzirkels, daß nämlich die Schüler zur selben Zeit unterschiedliche Dinge tun können und sollen, nicht von vorneherein konsequent eingehalten und bliebe damit für die Schüler verwaschen.
Bei Lernzirkeln mit variabler Reihenfolge löst sich das Problem von selbst: Die Schüler können an einer beliebigen Station beginnen und auch später dann zu den Stationen überwechseln, die gerade "frei" sind. Um die Beliebigkeit der Reihenfolge zu betonen, kann man in diesem Fall statt einer Numerierung der Stationen eine Buchstabenkennzeichnung wählen, die weniger stark als Zahlen eine bestimmte Reihenfolge nahelegt.
Bei Lernzirkeln mit fester Reihenfolge bestehen mehrere Möglichkeiten der Entzerrung an der ersten Station. Man kann z. B. variable Einstiegsorte zulassen. Eine weitere Entzerrung ergibt sich dann im Verlauf der Arbeit durch die unterschiedliche Zeit, die die Schüler an den Stationen jeweils benötigen, von selbst. Weiterhin kann man gerade die erste Station so gestalten, daß sie verschiedene Aufgaben enthält, zwischen denen die Schüler wählen können (also zwischen geschriebenen und gesprochenen Texten und/oder unterschiedlichen Themen) oder die sie nach Wunsch auch nacheinander bearbeiten können. Wenn auch die zweite Station noch alternative Arbeitsmöglichkeiten zuläßt, ist die Entzerrung meist schon gelungen. Schließlich ist es nicht erforderlich, daß alle Schüler überhaupt zur selben Zeit mit dem Lernzirkel beginnen. Wenn der Beginn der Arbeit mit dem Lernzirkel nicht an den Beginn einer Unterrichtsstunde plaziert wird, sind die Schüler vorher mit anderen Arbeiten beschäftigt, für die sie in der Regel auch unterschiedlich viel Zeit benötigen. Die Schüler, die schon fertig sind, können dann mit dem Lernzirkel beginnen, die anderen folgen später. Allerdings muß bei diesem Vorgehen die Erläuterung der Lernzirkel-Arbeit u. U. in schriftlicher Form erfolgen (s. o.). Für die erstmalige Verwendung eines Lernzir-

kels ist es allerdings günstiger, alle Schüler gleichzeitig mündlich auf diese Arbeit vorzubereiten.
Die Lernzirkel-Arbeit muß übrigens nicht innerhalb einer Unterrichtsstunde beendet werden. Lernzirkel können über längere Zeit aufgebaut bleiben oder neu aufgebaut werden und in den folgenden (Fach-)Stunden weiterbenutzt werden.
Noch ein weiteres zum Problem der Entzerrung: Arbeit "an" einer Station bedeutet nicht unbedingt, daß die Schüler tatsächlich räumlich an der Stelle arbeiten, an der das betreffende Material ausliegt. Arbeit "an" einer Station wird häufig auch bedeuten, daß ein Schüler sich Material von einer Station an seinen Platz holt, um es dort zu bearbeiten. Wie die Frage der Arbeitsorte entschieden wird, ist zum einen von den räumlichen Gegebenheiten abhängig: Wenn in einem kleinen Klassenraum nur Fensterbänke für den Aufbau der Stationen zur Verfügung stehen, läßt es sich kaum vermeiden, daß die Schüler das Arbeitsmaterial mit an ihren Platz nehmen. Zum anderen hängt die Entscheidung von der Art der Aufgabe ab. So müssen z. B. für die Durchführung mancher physikalischer Experimente, für Rollenspiele, die Arbeit mit Toncassetten oder für Aufgaben, bei denen Wandkarten zu Hilfe genommen werden sollen, andere Arbeitsorte als die normalen Sitzplätze der Kinder zur Verfügung gestellt werden. Auch derartige Informationen über die Arbeitsorte sollten den Schülern vor Beginn der Arbeit mit dem Lernzirkel gegeben werden.

DIE ROLLE DER LEHRPERSON

Die Aufgaben innerhalb von Lernzirkeln sollten so aufbereitet sein, daß die Schüler sie im Prinzip ohne Lehrerhilfe bewältigen können. Helen Parkhurst hatte für alle Aufgaben schriftliche Arbeitsanweisungen formuliert. Sofern Lernzirkel aber Materialien enthalten, die aus sich selbst heraus bestimmte Arten des Umgangs mit ihnen nahelegen, sind derartige Anweisungen überflüssig. Arbeitsanweisungen können auch auf Cassette gesprochen werden.
Ähnlich wie bei der Freiarbeit liegt die Hauptaufgabe der Lehrperson hier also vor dem Unterricht selbst: in der Gestaltung einer geeigneten Lernumgebung. Hinzu kommt die Aufgabe, Struktur und Inhalte des Lernzirkels den Schülern vorab zu erläutern (s. o.).

Während die Schüler im Lernzirkel arbeiten, hat die Lehrperson im wesentlichen beobachtende und beratende Funktion. Wie bei der Freiarbeit sollte für die Schüler aber nie der Eindruck entstehen, der Lehrer oder die Lehrerin sei während der Unterrichtsstunde untätig. Wenn die Schüler selbständig und problemlos arbeiten, kann die Lehrperson sich selbst einer anderen ruhigen Arbeit zuwenden.
Die Vorbereitung eines Lernzirkels mag mancher Lehrerin und manchem Lehrer als sehr arbeitsaufwendig erscheinen. Es muß aber nicht jede Station von Grund auf neu entwickelt werden. Vorhandenes Material, wie Arbeitsblätter und Übungen aus Lehrwerken, lassen sich gut einbeziehen. Für andere Stationen reicht die klare Formulierung einer Aufgabe und die Bereitstellung geeigneter Hilfsmittel, z. B. Lexika oder Wörterbücher. Der Aufwand läßt sich weiter reduzieren, wenn vorhandene Materialien für die Freiarbeit in den Lernzirkel integriert werden.

LERNZIRKELBEISPIELE

Annelie Knapp: Lernzirkel "Beschreiben"

Die Stationen dieses Lernzirkels zum Thema "Beschreiben" (Personen- und Sachbeschreibung) haben keine zwingend festliegende Reihenfolge. An manchen Stationen bestehen Wahlmöglichkeiten.
Die Stationen sind so konzipiert, daß neben den selbst hergestellten auch im Handel erhältliche Materialien eingesetzt werden. Dadurch hält sich der Zeitaufwand bei der Erstellung des Lernzirkels in vertretbaren Grenzen. Einzelne der eingesetzten Materialien können auch in der materialgeleiteten Freiarbeit eingesetzt werden (z. B. "Gaunergesichter").

Station A1: Nachvollziehen einer auf Tonkassette gesprochenen literarischen Personenbeschreibung (Einzelarbeit): Nach (u. U. mehrmaligem) Anhören der Beschreibung (z. B. aus Michael Ende: Momo) soll die Beschreibung stichwortartig vom Schüler selbst durchgeführt werden.

Station A2: Nachvollziehen einer schriftlich vorliegenden literarischen Personenbeschreibung (Einzelarbeit): Nach (u. U. mehrmaligem) Lesen der Beschreibung (z. B. Beschreibung des Malers aus Siegfried Lenz: Deutschstunde) soll die Beschreibung stichwortartig vom Schüler selbst durchgeführt werden.

Station B: Korrektur falscher Beschreibungen (Einzel- oder Partnerarbeit): Schriftlich vorliegende unzutreffende Tierbeschreibungen sollen so korrigiert werden, daß sie zu einer beigefügten Abbildung des betreffenden Tieres passen.

Station C: Tastbeschreibungen (Einzel- oder Partnerarbeit):
Abstrakt geformten Objekten aus unterschiedlichen Materialien

(Stoff, Karton, Folie, Schmirgelpapier usw.) sollen möglichst viele passende Wortkärtchen mit für eine Beschreibung notwendigen Adjektiven (gezackt, gewellt, durchsichtig, biegsam, ...) und Nomen (Rand, Oberfläche, Kante, ...) zugeordnet werden.

Station Dl: Personenbeschreibung "Mix Max" (Partnerarbeit): Ein aus 4 variabel kombinierbaren Einzelteilen zusammengelegtes Bild einer Person soll so genau beschrieben werden, daß der Partner / die Partnerin dieses Bild aus einem identischen Satz von Einzelteilen nachlegen kann ("Mix Max", Verlag Maier Ravensburg).

Station D2: Personenbeschreibung "Gaunergesichter" (Partnerarbeit): Ein aus 4 variabel kombinierbaren Einzelteilen zusammengelegtes Bild eines Gesichts soll so genau beschrieben werden, daß der Partner / die Partnerin dieses Bild aus einem identischen Satz von Einzelteilen nachlegen kann ("Gaunergesichter", Reformpäd. Verlag J. Potthoff).
Aufgabe: **Einzelarbeit**

Lege aus vier Karton-Streifen der gleichen Farbe ein "Gaunergesicht".
Beschreibe nun das Gesicht genau, wobei Du möglichst treffende Begriffe verwenden sollst.

Partnerarbeit

Schüler/in A erhält die 28 Karton-Streifen in der einen Farbe, die gleichen Streifen in der anderen Farbe erhält Schüler/in B.
A wählt vier Streifen aus und legt ein Gesicht, das aber B nicht sehen darf.
Schüler/in A soll das "Gaunergesicht" nun möglichst treffend beschreiben, so daß B mit den Streifen der anderen Farbe das Gesicht nachlegen kann.

Station D3: "Quiz für zwei" (Partnerarbeit) (Ref. Verlag J. Potthoff): Mit Hilfe von Wortkärtchen (Adjektive) sollen Abbildungen von Gegenständen so genau charakterisiert werden, daß der Partner / die Partnerin sie identifizieren kann.

Station D4: Beschreibung "Schraubenbilder" (Partnerarbeit): Eine aus verschiedenen Materialien (Schrauben, Nägeln, Muttern, Gummibändern unterschiedlicher Größe) zusammengelegte Figur (oder ein Muster) soll so genau beschrieben werden, daß der Partner / die Partnerin diese Figur oder dieses Muster aus einem identischen Satz von Materialien nachlegen kann.

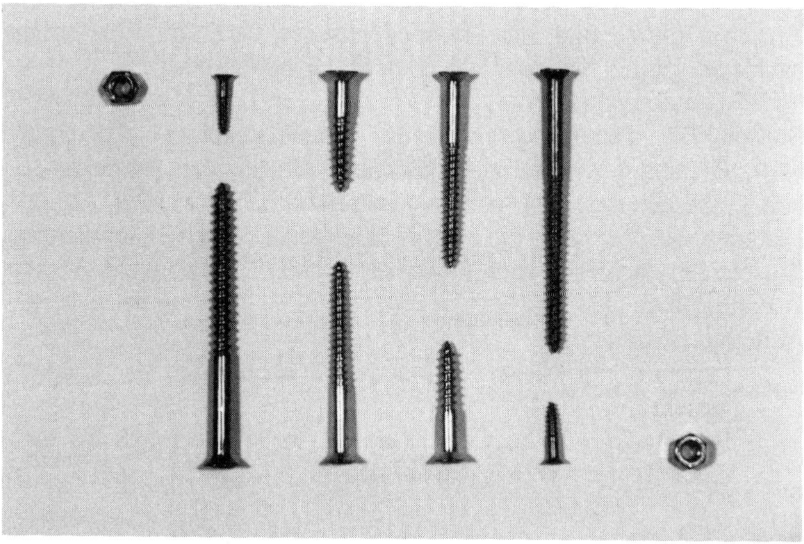

Station E: "Original und Fälschung" (Einzelarbeit): Die Unterschiede zwischen zwei sich bis auf wenige Details gleichenden Abbildungen sollen schriftlich beschrieben werden.

Station F: Beschreibung einer realen Person (Gruppenarbeit):
Ein Mitschüler soll so genau beschrieben werden, daß die anderen Mitglieder der Gruppe erraten können, wer gemeint ist.

Abschlußkreis: Die Arbeiten aus Station F werden im Abschlußkreis (in Auswahl) vorgetragen. Hier können auch andere Arbeitsergebnisse besprochen und die individuellen Erfahrungen mit der Arbeit an den verschiedenen Stationen ausgetauscht werden.

Auszüge aus dem Lernzirkel "Klassik" von Elke Meyer und Anette Pillich-Krogoll

WEGWEISER DURCH DEN LERNZIRKEL "KLASSIK"

Ein Lernzirkel bietet Dir die Möglichkeit, den zu lernenden Stoff selbst zu erarbeiten. Der gesamte Stoff ist in einzelne Stationen aufgeteilt.

Du hast die Freiheit,

» Dir die Reihenfolge der Arbeit selbst einzuteilen,
» Dich allein in eine Ecke zurückzuziehen,
» Partner- oder Gruppenarbeit zu wählen,
» im gestalterischen Bereich auszuwählen und Deine eigenen Ideen einzubringen,
» selbst Vorschläge zur Erweiterung des Angebots zu machen.

Selbstverständlich kannst Du jederzeit Fragen an die Lehrkraft richten.

Du hast die Pflicht,

» mit dem Material sorgfältig umzugehen, d.h.
• das Material nicht zu beschädigen,
• von Tischen Genommenes wieder zurückzulegen,
• Kassetten wieder zurückzuspulen;
» Dir in der Gesamtzeit bestimmte Grundkenntnisse anzueignen,
» ausgewählte Texte ins Heft zu übertragen (s. Arbeitsblatt),
» durch Ruhe für eine angenehme Arbeitsatmosphäre zu sorgen.

ÜBERBLICK ÜBER DIE STATIONEN DES LERNZIRKELS

(Die Grundinformationen zu den Stationen 1-6, das gesamte Material für die Stationen 7 - 10, Kontrollblätter sowie allgemeine Informationen zur Arbeit mit dem Lernzirkel sind als "Lernzirkelpaket Klassik" beim Reformpädagogischen Verlag Jörg Potthoff erhältlich.)

Stationen 1 - 6: Information / Wissen

Station 1: Begriffsdefinition / Geschichtlicher Hintergrund, Informationstexte, außerdem z. B. Puzzle aus Satzteilen eines zusammenfassenden Satzes zur Begriffsdefinition mit Übertragung ins Heft.
Station 2: Weitere Kulturbereiche (neben Literatur), Informationsblatt, außerdem z. B. Ansichtskarten von Baudenkmälern in Deutschland, Tonkassetten mit Werken von Mozart, Beethoven, Haydn, Bücher u. a.
Station 3: Vorbilder der Dichter. Wesen / Inhalt der Dichtung, Informationstext, außerdem z. B. Bilder von Herder, Kant, Winkelmann, Ansichtskarte griechischer Kunst
Station 4: Biographien von Goethe und Schiller, Texttafeln, außerdem z. B. Puzzle zu den Biographien der beiden Dichter (Kärtchen)
Station 5: Goethes Werke, Überblicksblatt, außerdem z. B. Kopien von Gedichten, Tonkassetten Balladen, Video zu Faust I
Station 6: Schillers Werke, analog Station 5

Station 7 - 9: Spielerische Überprüfung des Wissens

Station 7: Verschiedene Rätsel, Silbenrätsel, Kreuzworträtsel, Buchstabensalat
Station 8: Zuordnung von Werktitel, Schlüsselgedanke, Zitat (Kärtchen)
Station 9: Zuordnung von Gedichttiteln und Versen

Station 10: Gestaltung, mit verschiedenen Angeboten zur Auswahl

Beispiel für das Arbeitsmaterial an einer Station:

ZUORDNUNG VON GEDICHTTITELN UND VERSEN

Erlkönig	**Wer reitet so spät durch Nacht und Wind? Es ist der Vater mit seinem Kind;**
Der Zauber- lehrling	**Die ich rief, die Geister, Werd' ich nun nicht los.**
Das Göttliche	**Edel sei der Mensch, Hilfreich und gut!**
Wanderers Nachtlied	**Der du von dem Himmel bist, Alles Leid und Schmerzen stillest,**
Mignon	**Kennst du das Land, wo die Zitronen blühn,**
An den Mond	**Füllest wieder Busch und Tal Still mit Nebelglanz,**
Das Lied von der Glocke	**Fest gemauert in der Erden Steht die Form, aus Lehm gebrannt.**
Der Ring des Polykrates	**Er stand auf seines Daches Zinnen, Er schaute mit vergnügten Sinnen**
Der Taucher	**Wer wagt es, Rittersmann oder Knapp, Zu tauchen in diesen Schlund?**
Die Bürgschaft	**Ich sei, gewährt mir die Bitte, In eurem Bunde der Dritte.**
Die Kraniche des Ibykus	**Zum Kampf der Wagen und Gesänge, Der auf Korinthus' Landesenge**

zerschneiden in 22 Kärtchen

BEISPIEL FÜR EINE KREATIVSTATION

Auf diesen Karten findest Du verschiedene Möglichkeiten, mit einem Text kreativ umzugehen.

Such Dir einen Text (Gedicht / Dramenszene) aus, der Dich angesprochen hat, und probier einfach einmal eine Möglichkeit aus (oder 2, 3 ... wenn Du Lust hast).

Die Ballade "Der Zauberlehrling" ist in die einzelnen Strophen zerlegt.
Versuche, die richtige Reihenfolge zu finden.

BRIEFE
Aus einem Brief Goethes an Frau vom Stein während einer Reise (1780):
Bleiben Sie mir nah und verzeihen Sie, daß ich immer nur über mein eigenstes mit Ihnen rede, hätt ich Sie nicht ich würd zu Stein. Adieu. Ich habe hundert Plane die ganz sachte in mir lebendig werden und meine Existenz scheint mir immer noch einförmig. Die paar Tage Wechsel und Menschen und Sachen bekommen mir wohl. Ich komme mir vor wie der Steinfresser der um satt zu werden nach der reichlichsten Mahlzeit noch Kiesel verschlucken muß.

Schreibe eine "neue" Ballade, indem Du zwei ähnliche miteinander vermischst.

Du kannst von beiden abwechselnd die Strophen nehmen oder Verse mischen, z. B. so:
Zum Kampf der Wagen und Gesänge
Schlich Damon, den Dolch im Gewande.
(aus: Die Kraniche des Ibykus und Die Bürgschaft)

Schreibe einen Brief

- ähnlichen Inhalts in Deiner Sprache an einen Freund, eine Freundin,
- an Goethe oder Schiller oder eine literarische Figur.

zerschneiden in 4 Karten

Wilmar Jakober
Lernzirkel "Industrielle Revolution"

a) Der Lernzirkel ist fächerverbindend konzipiert, enthält also Bestandteile, die neben dem Fach Geschichte vor allem auch die Fächer Deutsch und Gemeinschaftskunde berühren. Es empfiehlt sich insbesondere die Zusammenarbeit mit dem/der Deutschlehrer/in, da die Arbeit mit Nachschlagewerken und das Erschließen von Sachtexten, appellierenden Texten (Arbeiterlieder, Weberlieder) und erzählenden Texten das Fach Deutsch besonders tangiert.

b) Die für die Arbeit bereitgestellte Arbeitsbücherei enthält unter anderem Bücher aus der Stadtbücherei wie aus der Schülerbücherei. Die Aufgaben an den Stationen sind so gestellt, daß zum Teil andere Bücher außer dem in der Klasse verwendeten Geschichtsbuch bearbeitet werden müssen.
Das Nachschlagen in anderen teilweise sehr ansprechend gestalteten Büchern macht den Schülern erfahrungsgemäß besonders Spaß.

c) Die Dauer der Arbeit mit dem Lernzirkel hängt davon ab, welche Stationen die Lehrkraft für den Pflichtbereich auswählt und welche Themen sie lieber im lehrergeführten Unterricht behandeln möchte.
Es sollte jedoch ausreichend Zeit für die Bearbeitung der Wahlthemen zur Verfügung stehen, da die freiwillige Arbeit bei der Lernzirkelarbeit ja von besonderer Wichtigkeit ist.

d) Eine abschließende systematische Zusammenfassung ist sinnvoll.

Hinweise auf bestimmte Verhaltensregeln

1) In einer **Einführung** muß den Schülern der Aufbau des Lernzirkels erläutert werden. Dabei sollte auch vereinbart werden,
a) welche Stationen von allen Schülern als **Pflichtstationen** (z. B. 1A oder 1B) oder als **Wahlpflichtstationen** (z. B. eine von 3B bis 3F) bearbeitet werden müssen,
b) welche Themen freiwillig, also nach Interesse der Schüler bearbeitet werden können (**Wahlstationen** wie z. B. 8 - 13),
c) über welche Themen im Anschluß an die Lernzirkelarbeit vor der Klasse berichtet werden soll (Experten), so z. B. bei Station 3, evtl. bei Station 6 sowie über einige Wahlthemen.

Bei der Größe des Lernzirkels empfiehlt es sich, eine **Übersicht über die räumliche Anordnung** der einzelnen Stationen auszuhängen (Pinnwand).

2) Ebenso notwendig ist der **Hinweis auf bestimmte Verhaltensregeln**, die bei der Arbeit mit dem Lernzirkel beachtet werden müssen.

a) Jede/r Schüler/in muß sich so verhalten, daß andere nicht gestört werden. Das heißt auch, daß bestimmte Stationen, die in Gruppen- oder Partnerarbeit bearbeitet werden, in einem anderen Klassenzimmer oder im Flur aufgebaut werden sollten.
b) Eine begonnene Aufgabe muß erledigt werden, bevor mit einer neuen Station begonnen wird. Die Schüler können begonnene Stationen auch zu Hause fertig machen.
c) Das Material muß sorgfältig behandelt und nach beendeter Arbeit immer an den vorgesehenen Platz zurückgebracht werden.
d) Wenn eine Arbeit beendet ist, muß dies mit Eintrag des Datums im Laufzettel vermerkt werden.
e) Die Einträge ins Geschichtsheft müssen sauber und übersichtlich gestaltet sein und einen Hinweis auf die Station enthalten.

LERNZIRKEL INDUSTRIELLE REVOLUTION

Station	Thema / Inhalt	erl.am	Zahl
1A	(oder 1B) Es begann in England		
1B	Kassette mit Text 1A hören u. Fragen beantworten		
1C	Was ich im Schülerduden Geschichte finden kann		
1D	Vom Agrar- zum Industriestaat		
2A	Statistiken: Auswanderer nach Amerika		
2B	Lied über Auswanderung hören und verstehen		
2C	Berichte von Deutschen aus Amerika		
3	Erfindungen: Hinweise zu den Aufgaben 3A bis 3F		
3A	Grundlagentext (alle): Erfindung der Dampfmaschine		
3B-F	Schwäbische Erfinder gesucht (1 Station oder mehr)		
3G	Solartechnik - Energie der Zukunft		
4A	Die erste Fahrt mit der Eisenbahn (Erlebnisbericht)		
4B	Zeittafel Verkehrsgeschichte (Lücken sind zu füllen)		
4C	Die Entwicklung der Eisenbahn (Wandkarte)		
4D	Suchbild Eisenbahnfahrt (Was stimmt hier nicht?)		
4E	Die Geschichte der menschlichen Mobilität		
5	Die Lage der arbeitenden Menschen		
5A	Woher kommen die Arbeiter?		
5B	Wie wohnen die Arbeiterfamilien?		
5C	Fabrikarbeit / Fließband (Videofilm - Ausschnitte)		
5D	Arbeitsbedingungen - früher und heute		
5E	Kinderarbeit - früher und heute		
5F	Frauenarbeit am Beispiel Anna Altmann		
6	Lösungsversuche der sozialen Frage (1 Wahlthema)		
6A	Arbeiterselbsthilfe: Gewerkschaft / Genossenschaften		
6B	Karl Marx: Revolut. Veränderung des Kapitalismus		
6C	Die pol. Arbeiterbewegung: Arbeiterparteien (SPD)		
6D	Arbeitervereine (ASB, Naturfreunde)		
6E	Kirchenmänner kümmern sich um die Schwachen		
7A	Die zwei Gesichter der Industrialisierung		
7B	Umweltprobleme durch die Industrialisierung		
8	Kontrollstation		
9A	Lesen von Jugendbüchern, die in dieser Zeit spielen		
9B	Erzählungen über Kinderarbeit in der Dritten Welt		
10A	Theaterszenen entwerfen und vorführen		
10B	"Die Weber" von G. Hauptmann (Video)		
11	Historische Lieder (Weberlieder / Arbeiterlieder)		
12	Berühmte Frauen während der industr. Revolution		
13	Bildhaftes Gestalten (Collage, Malen, Zeichnen)		
14	Führung im Deutschen Museum vorbereiten		

Beispiele für die Gestaltung der einzelnen Stationen

Station 1A
Es begann in England

Die Industrialisierung, die das Leben der Menschen in so ungeheurer Weise verändert hat, begann vor etwa 250 Jahren in England.
Früher als auf dem europäischen Festland hatten sich hier die politischen, wirtschaftlichen und sozialen Verhältnisse verändert.
Die Einwohnerzahl hatte stark zugenommen:
1690: 5,5 Millionen Einwohner; 1760: 6,5 Millionen Einwohner; 1800: 9,25 Millionen.
Es gab also mehr Arbeitskräfte und mehr Verbraucher.
Durch die Ausbeutung der Kolonien und eine lange Friedenszeit stand viel Kapital zur Verfügung. Auch ging es breiten Bevölkerungsschichten besser als auf dem Kontinent, d. h. sie konnten mehr konsumieren.
Rohstoffe, wie Kohle und Eisen, gab es genügend. Wolle lieferten die großen Schafherden. Baumwolle wurde aus den überseeischen Kolonien (z. B. Amerika, Indien) eingeführt.
Auch die Verkehrsverhältnisse waren günstig: Häufig lagen Kohle und Eisenvorkommen dicht beieinander. Außerdem ist in England die Küste von keinem Ort mehr als 200 km entfernt.
Im 18. Jahrhundert wurde das englische Schulwesen stark ausgebaut. Mathematik war ein besonders für wichtig gehaltenes Schulfach. Billige Bücher, Leihbüchereien und Vereine halfen, die allgemeine Bildung zu verbessern.
Eine größer werdende Zahl von Erfindern und Unternehmern setzte technische Neuerungen im Produktionsablauf ein. Die erste Kraftmaschine der Welt - die Dampfmaschine - wurde hier entwickelt, und auch die Revolution des Verkehrs durch die Eisenbahn begann jenseits des Kanals.
Es gab in England viele Calvinisten, die glaubten, Gott belohne bereits auf Erden die Fleißigen mit wirtschaftlichem Erfolg. So wurden die Arbeit und das Streben nach Gewinn zu wichtigen Tugenden.

Station 1B
Es begann in England

Höre die beiliegende Kassette mit dem Walkman an und beantworte anschließend die untenstehenden Fragen (Text z. B. wie 1A):

1) Wann und wo begann die Industrialisierung?

2) Weshalb begann die Industrialisierung gerade in diesem Land?
Welche Gründe werden genannt?
- wirtschaftlich
- politisch-gesellschaftlich
- wissenschaftlich-technisch
- verkehrspolitisch
- religiös

Station 1C
Wer sucht, der findet

Arbeit mit dem Schülerduden Geschichte

1) Was bezeichnet der Begriff "industrielle Revolution" eigentlich?

....

Die industrielle Revoluion war gekennzeichnet durch zunehmende .... und wachsende S ...., durch den Einsatz neuer ...., ...produktion infolge der Mechanisierung und Rationalisierung, durch die Nutzbarmachung neuer -......qu..... sowie durch die Entwicklung des V.................... .

2) Wer gründete den Allgemeinen Deutschen Arbeiterverein - und in welchem Jahr geschah dies? (bei *Arbeiterbewegung*)

....

3) Womit beschäftigte sich der Allgemeine Deutsche Frauenverein vor allem - und wann wurde er gegründet? (bei *Frauenbewegung*)

....

....

4) Gewerkschaften sind ....

....

5) Womit hängt die soziale Frage eng zusammen?

....

Was versteht man darunter?

....

....

6) Woher stammt der Begriff *Proletariat* - und was bedeutete er ursprünglich? ....

7) Was strebt die politische Bewegung des *Kommunismus* an?

....

....

8) Von welchen beiden Männern wurde die Lehre des *Marxismus* begründet? ....

9) *Weberaufstand*: Vervollständige den Lückentext.
Die immer auswegloser werdende Notlage der .... führte 18 .. zum Aufstand gegen die ....

10) Welche Merkmale hat der *Kapitalismus*, die Wirtschafts- und Gesellschaftsordnung der Neuzeit?

1. Privateigentum an ....

2. Ausrichtung an Grundsatz (Prinzip) der ....

3. Produktion für den ....

4. Gegensatz von .... und ....

Station 13
Bildhaftes Gestalten

Hier findest Du Vorschläge für verschiedene Möglichkeiten, Dich mit dem Thema Industrialisierung auf bildhafte, künstlerische Weise zu beschäftigen: a) Fertige eine Collage an!

Mögliche Themen: Verkehr - früher und heute
Arbeitsbedingungen - früher und heute
Erfindungen verändern die Welt
Kinderarbeit - früher und heute
Umweltbelastungen durch Industrialisierung

b) Zeichne/male ein Bild z. B. über die Arbeitsbedingungen oder die Wohnverhältnisse während der Industriellen Revolution. Anregungen findest Du in den bereitstehenden Büchern genug.

c) Schau Dir "Das kleine Zille-Buch" an und versuche, die Lebensbedingungen der Arbeiterfamilien um die Jahrhundertwende in ähnlicher Weise darzustellen.

• • • Vielleicht hast Du selbst ganz andere Ideen, die Du verwirklichen möchtest. Mach Dich an die Arbeit!

Station 12
Berühmte Frauen zur Zeit der Industriellen Revolution

Informiere Dich über das Leben und Wirken einer der folgenden Frauen mit Hilfe des Taschenbuches von Georg Popp: "Große Frauen in der Geschichte".
Mache Dir Notizen für einen sicher sehr interessanten Kurzvortrag vor der Klasse.

1) Louise Otto-Peters, Vorkämpferin der Frauenrechte, S. 161
2) Florence Nightingale, Die Lady mit der Lampe, S. 179
3) Emmiline Pankhurst, Streiterin für die Gleichberechtigung der Frau, S. 191
4) Käthe Kollwitz, Kunst aus der Armenpraxis, S. 203
5) Marie Curie, Eine Frau und die Strahlen, S. 210

Wilmar Jakober: Lernzirkel "Imperialismus - 1. Weltkrieg"

Im inneren Kreis des Lernzirkels (vgl. Abb. 3 im Kapitel "Lernzirkelformen") wird das Grundwissen zum Thema vermittelt, während der äußere Kreis weiterführende Aufgaben enthält, die das Grundwissen voraussetzen und unterschiedliche Sinne und Fähigkeiten ansprechen.

Station 1: Domino-Puzzle, bei dem jeweils ein Datum einem Ereignis zugeordnet werden soll. Arbeitsgrundlage bildet das Geschichtsbuch.

Station 2: Aus 5 verschiedenen Kreuzwort- und Silbenrätseln zum Thema können die Schüler eins auswählen und ihre Ergebnisse anhand von Lösungsbögen selbst überprüfen.

Station 3: Schlüsselbegriffen sind die richtigen Erläuterungen zuzuordnen.

Station 4: Aus einem eine DIN-A4-Seite umfassenden Text sind die wesentlichen Merkmale des Imperialismus in Stichworten zu notieren.

Station 5: Es können zwei Lieder von Kurt Tucholsky mit dem Walkman angehört und das Anliegen der Lieder herausgearbeitet werden.

Station 6: Jeder Schüler einer Arbeitsgruppe zieht eine Karteikarte und berichtet den anderen Gruppenmitgliedern nach 5-minütiger Vorbereitung über das Thema. Z. B.: Berichte über die Einstellung zum Krieg bei der Mehrheit der deutschen Bevölkerung! / Berichte über das Entscheidungs- und Epochenjahr 1917!

Station 7: Gespielte Geschichte: Entwerft eine Szene, in der Anhänger und Gegner der deutschen Kolonialpolitik miteinander diskutieren! oder: Entwerft eine Szene, in der Befürworter und Gegner des Krieges im Jahre 1917 miteinander diskutieren!

Station 8: Zu fünf verschiedenen Zeichnungen mit erläuternden Texten soll schriftlich Stellung genommen werden.

Station 9: Es kann ein Flugblatt verfaßt werden, in dem die Menschen von der Notwendigkeit eines raschen Kriegsendes überzeugt werden sollen. Dabei soll beachtet werden, daß es noch immer viele Anhänger des Krieges und des Kaisers gibt.

Station 10: Geschichtsbuch-Vergleich (als schwierige Aufgabe gekennzeichnet): Die Darstellung des 1. Weltkrieges im Geschichtsbuch der früheren DDR soll mit der Darstellung im Geschichtsbuch der Klasse verglichen werden. (Hinweis auf Seiten, die besonders beachtet werden sollten.)

Ralph Hepp
Lernzirkel "Volumenänderung"

Station 1A: Schäden durch gefrierendes Wasser (Schotter und Geröllfelder)

Setze die Teile des Puzzles zusammen.
Auf der einen Seite findest Du einen Text, der die Folgen der Ausdehnung von gefrierendem Wasser beschreibt, sowie ein Bild von einem Geröllfeld in den Alpen, auf der anderen Seite die Überschrift dazu.
Übertrage beides auf Dein Blatt und füge Anmerkungen hinzu, die Dir beim Betrachten des Bildes einfallen.

> Gewaltig ist die zerstörende Wirkung von gefrierendem Wasser im Gebirge. Vielleicht kennst Du solche Schotter- und Geröllfelder in den Alpen, wie sie das Bild zeigt. Auch sie haben etwas mit gefrierendem Wasser zu tun! Jeder Fels hat winzige Spalten oder Risse. In sie dringt Regenwasser ein, das dann bei Frost gefriert. Durch die Sprengkraft des gefrierenden Wassers werden die Risse im Gestein erweitert; es entstehen allmählich breite und tiefe Spalten. In diese kann jetzt noch mehr Wasser eindringen, das bei Frost eine noch größere Sprengkraft entwickelt. So wird der Fels im Laufe der Zeit in kleine Brocken zerlegt, die sich in den Geröllfeldern ansammeln.

Station 1B: Schäden durch gefrierendes Wasser (Frostaufbrüche auf Landstraßen / Schlaglöcher).

Analog zu 1A Textpuzzle mit Zeichnungen von Frostaufbrüchen (Herbst / Winter / Frühjahr) zusammensetzen und in das Arbeitsheft übertragen / Kontrolle durch Überschrift auf der Rückseite

Station 1C: Schäden durch gefrierendes Wasser (Wasserrohre werden ca. 1 m tief verlegt /Bei Wasserhähnen im Garten im Winter Wasser ablassen.)

Analog zu 1 A Textpuzzle zusammensetzen und in das Arbeitsheft übertragen / Kontrolle durch Überschrift auf der Rückseite

Bei diesem Lernzirkel werden für die geleistete Arbeit Punkte verteilt, und zwar z. B. bei 1 A - C:

1 Puzzle = 2 Punkte
2 Puzzle = 5 Punkte
3 Puzzle = 10 Punkte

Station 2A: Erwärmen von festen Körpern

Vor Dir steht ein Versuchsaufbau und Du darfst selbständig experimentieren. LIES DIR ABER VORHER DIE ANLEITUNG GENAU DURCH, DAMIT DIR UND DEN GERÄTEN NICHTS PASSIERT.

1. Suche Dir einen Partner für diesen Versuch, da dieser nur von zwei Schülern gemeinsam durchgeführt werden kann.
2. Lasse Dir vom Lehrer heißes Wasser in das bereitgestellte Gefäß füllen. Halte je eine der unterschiedlichen Krampen zwischen Zeigefinger und Daumen Deiner Hände. Dein Mitschüler soll dasselbe mit den übrigen zwei Krampen tun.
3. Taucht nun gleichzeitig die Krampen mit einem Schenkel in das heiße Wasser und haltet sie fest. Sie werden sich erwärmen. Unterhaltet Euch über das Gefühl an den Fingern.
4. Welche Krampe muß zuerst losgelassen werden, weil es zu heiß an den Fingern wird? Welche kann bis zuletzt festgehalten werden? Notiert Eure Beobachtungen und gebt eine Reihenfolge an.
5. Versucht, eine Erklärung für Euer Ergebnis zu formulieren. Ein Tip hierzu: Die Schwingungen der Teilchen eines Körpers stehen in direktem Zusammenhang mit seiner Temperatur.
6. Kühlt die Krampen anschließend mit einem feuchten Tuch oder in kaltem Wasser ab, damit Eure Mitschüler erneut experimentieren können.

Für die richtige Beobachtung = 3 Punkte
Für die richtige Erklärung = 5 Punkte

Station 2B: Erwärmen von festen Körpern (Aluminium)
Analog zu 2A; Versuch aber unter Mithilfe der Lehrkraft. Punkte für richtige Erläuterung durch den Schüler.

Station 2C: Erwärmen von festen Körpern (Kugel-Ring-Versuch)
Selbständiger Schülerversuch: Kugel durch Auflegen auf eine Heizplatte erwärmen und anschließen versuchen, sie durch einen Ring zu führen. Dann abkühlen und wiederholen des Einführens.

Station 2D: Erwärmen von festen Körpern
Selbständiger Schülerversuch: Heißes Wasser in Rohre aus Aluminium, Kupfer und Stahl geben und die Ausdehnung beobachten! Meßergebnisse in Tabelle eintragen.

Station 3A: Erwärmen von Flüssigkeiten
Selbständiger Schülerversuch: Erhitzen von gefärbtem Wasser in einem Erlenmeyerkolben, der mit einem durchbohrten Stopfen verschlossen ist. Durch den Stopfen ist ein Glasröhrchen geführt.

1. Markiere den Flüssigkeitsstand im Glasrohr genau mit einem Klebestreifen.

2. Stelle den Erlenmeyerkolben auf die Heizplatte und erwärme die Flüssigkeit. Beobachte und bestimme nach einigen Minuten wieder den Flüssigkeitsstand. Notiere Deine Beobachtungen auf dem Blatt.

3. Während Du auf das Versuchsergebnis wartest, überlege Dir zwei Sätze, die den Versuchsablauf beschreiben. Notiere sie.

4. Stelle zuletzt den Erlenmeyerkolben zum Abkühlen in ein Gefäß mit kaltem Wasser. Bestimme wieder den Flüssigkeitsstand nach einigen Minuten. Notiere Deine Beobachtung auf Deinem Blatt.

5. Formuliere einen Satz zum Ergebnis des Versuchs.

Station 3B: Erwärmen von Flüssigkeiten
Selbständiger Schülerversuch: Erwärmen von gleich viel Wasser, Spiritus und Speiseöl in Reagenzgläsern, die in heißes Wasser gehängt werden. Genaue Anleitungen analog 3A.

Station 3C: Erwärmen von Flüssigkeiten
Bearbeitung eines Textes (mit Zeichnung) über ein Unglück, bei dem der überfüllte Tank eines Tankwagens bei starker Sonneneinstrahlung explodierte.
Welches war die Ursache des Unglücks?
Wie konnte das Unglück verhindert werden?

Station 3D: Erwärmen von Flüssigkeiten
Bericht über den Brand in einem Möbellager bearbeiten, bei dem die automatische Berieselungsanlage in Funktion trat. (Zeichnung beigefügt)

Wie ist es möglich, daß eine Berieselungsanlage in Tätigkeit tritt, ohne daß sie von jemandem eingeschaltet wurde?

Station 4A: Erwärmen von Gasen
Selbständiges Schülerexperiment: Erlenmeyerkolben und angeschlossenes U-Rohr-Manometer, um das Verhalten von Luft beim Erwärmen und Abkühlen zu beobachten.

1. Halte den kleinen Erlenmeyerkolben fest zwischen Deinen beiden Händen. Beobachte die Flüssigkeit im U-Rohr-Manometer und notiere Deine Beobachtung auf Deinem Blatt.

2. Erwärme den Erlenmeyerkolben weiter, indem Du ihn in ca. 20 cm Abstand von der Rotlichtlampe hältst. Vorsicht, die Flüssigkeit darf nicht aus dem Manometer herauslaufen. Beobachte wieder und notiere.

3. Kühle den Erlenmeyerkolben nun ab, indem Du ihn in das Becherglas mit kaltem Wasser tauchst. Beobachte wieder die Flüssigkeit im U-Rohr-Manometer und notiere Deine Beobachtung.

4. Formuliere einen Satz, der das Verhalten von Luft beim Erwärmen und Abkühlen zum Ausdruck bringt.

5. Erläutere schriftlich, warum das U-Rohr-Manometer notwendig für den Versuch ist.

4 B: Erwärmen von Gasen
Selbständiger Schülerversuch: Verhalten von Luft beim Erwärmen und Abkühlen. Eine mit einem Luftballon verschlossene Flasche in ein Gefäß mit warmem und anschließend in ein Gefäß mit kaltem Wasser stellen. Genaue Beobachtung.
4 C: Erwärmen von Gasen
Selbständiger Schülerversuch: Erlenmeyerkolben mit wenig gefärbtem Wasser auf eine Heizplatte stellen und erwärmen. Der Erlenmeyerkolben ist mit einem Stopfen verschlossen, durch den ein Glasrohr bis in die Flüssigkeit geführt wurde. Den Vorgang genau beobachten und beschreiben. Dazu auch eine Skizze anfertigen.

Da die meisten Lernzirkel als Einstieg in ein Thema oder als Übungszirkel verwendet werden, kann in der Regel auf eine Zensierung der Lernzirkelarbeit verzichtet werden. Die benotete Leistungskontrolle erfolgt erst nach Beendigung der gesamten Unterrichtseinheit. Das Beispiel "Volumenänderung" zeigt hingegen, daß die Leistungsermittlung auch direkt in den Lernzirkel eingearbeitet werden kann. Vorrangig dient die Punktvergabe aber nicht der Leistungsermittlung. Bei jeder Station können Punkte gesammelt werden. Wer (freiwillig) eine bestimmte Punktzahl erreicht, kann seine Aufzeichnungen dem Lehrer zur Kontrolle geben. Dies sichert einerseits, daß der Lehrer nicht durch zu viele Schülerarbeiten einen großen Korrekturaufwand hat (im Durchschnitt geben 5 - 10 Schüler ab). Andererseits tritt der "Losbudeneffekt" ein. Die Schüler werden angeregt, weitere Punkte zu sammeln, da sie ja z. B. schon 8 Punkte haben.
Im Gegensatz zu den anderen Lernzirkeln, die in diesem Buch beschrieben werden, wird bei dem Lernzirkel "Volumenänderung" an festen Stationen gearbeitet. Das ist in den naturwissenschaftlichen Fächern wegen des aufwendigeren Versuchsaufbaus und der besseren Übersichtlichkeit für die Lehrkraft fast immer zu empfehlen. Die Stationen werden von den Schülergruppen zu Beginn der Arbeit selbst aufgebaut. Dazu erhält z. B. nach einer spielerischen Phase der Gruppenbildung die Gruppe die Geräte und baut den Versuch (anhand einer Arbeitsanweisung) auf. Nach Beendigung der Durchführung wechselt die Gruppe an einen anderen Platz. Die Geräte bleiben aber stehen.

Annelie Knapp: Lernzirkel "Past tense regelmäßiger und unregelmäßiger Verben"

Der hier skizzierte Übungszirkel für den Englischunterricht stellt ein Beispiel für einen Lernzirkel mit fester Reihenfolge und variablen Ein- und Ausstiegsorten dar (s. o. S. 111). Die einzelnen Stationen sind im Schwierigkeitsgrad gestaffelt, indem schrittweise Lösungshilfen zurückgenommen und komplexere sprachliche Operationen von den Schülern verlangt werden. Je nach Einstiegsort können sich die Schüler mit Aufgaben beschäftigen, die im Schwierigkeitsgrad ihrem jeweiligen Lernstand angepaßt sind. Für dieses Beispiel sind bewußt traditionelle Aufgabentypen gewählt worden, um zu demonstrieren, daß sich Lern- und Übungszirkel auch mit relativ geringem Aufwand gestalten lassen. Selbstverständlich sind Ergänzungen durch innovativere Übungsformen möglich.

Station 1: Satz-Bild-Zuordnung: Kärtchen mit englischen past-tense-Sätzen sollen Kärtchen mit entsprechenden Abbildungen zugeordnet werden.

Station 2: Lückensätze: Aus einer Liste mit unregelmäßigen Verben sollen die jeweils passenden in Lückensätze eingefügt werden.

Station 3: Erkennen von past-tense-Formen in einem gesprochenen Text und Überführung von phonetischer in graphische Repräsentation: Aus Sätzen, die auf Tonkassette gesprochen sind, sollen alle Verben in der past-tense-Form herausgehört und aufgeschrieben werden.

Station 4: Umformung I: Sätze im Präsens sollen in past-tense-Sätze umgeformt werden (nur unregelmäßige Verben).

Station 5: Umformung II: Sätze im Präsens sollen in past-tense-Sätze umgeformt werden (regelmäßige und unregelmäßige Verben gemischt).

Station 6: Freie Formulierung von past-tense-Sätzen anhand von Bildvorlagen: Anhand einer Serie von Bildern soll schriftlich beschrieben werden, wie die abgebildeten Personen den vorhergehenden Tag verbracht haben.

Station 7: Mündliche kommunikative Übung: In einem Frage-Antwort-Dialog sollen sich zwei Mitschüler gegenseitig berichten, wie sie den vorhergehenden Tag verbracht haben (evtl. Lehrer- oder Wörterbuchhilfe).

Lernzirkel *"Die Stadt, in der wir leben"* *Ein Lernzirkel-Projekt mit Schülern*

Wer einen Lernzirkel nach sachlichen und didaktisch-methodischen Kriterien entwickeln will, muß sich im Stoff sehr gut auskennen sowie Erfahrung mit Lernprozessen haben. Deshalb ist die Erstellung von brauchbaren Lernzirkeln im Regelfall Sache der Fachleute. In einigen Fällen stellt sich hier jedoch eine lohnende Herausforderung für Schüler. Das ist immer dann der Fall, wenn ein Sachverhalt von den Schülern handlungsorientiert in der Form eines Projektes erarbeitet werden kann , wie etwa das Thema "Die Stadt, in der wir leben", das bekanntlich vorzüglich für Erkundungen und andere Formen selbsttätiger Schülerarbeit geeignet ist.

Wegen der großen Stoffülle werden Arbeitsgruppen gebildet, die einen Teilaspekt der Gesamtthematik bearbeiten und die Arbeitsergebnisse den anderen Gruppen vorstellen. Hier bietet es sich an, die Arbeitsergebnisse jeweils so zu bearbeiten, daß eine Lernzirkelstation entsteht. Das hat eine Reihe von Vorteilen:

Beim Erstellen des Materials für eine Lernzirkelstation müssen die Schüler ihre Arbeitsergebnisse noch einmal sehr gründlich reflektieren, Wichtiges von Unwichtigem trennen und bei der Entwicklung der Lern- und Übungsaufgaben das Interesse, die Ausdauer und die Lernmöglichkeiten der Mitschüler berücksichtigen. Was beim Gruppenvortrag oftmals nur hingenommen wird, stößt, wenn es nicht gut aufbereitet ist, an der Lernzirkelstation auf Kritik und Ablehnung, wenn die selbständige Arbeit durch unzureichendes Material behindert wird oder sogar unmöglich ist. Ein weiterer Vorteil liegt in der Möglichkeit, die Reihenfolge der Bearbeitung der Stationen so zu wählen, daß jeweils das selbst Erarbeitete zunehmend Ergänzung und Vertiefung erfährt, das Neue sich also nicht einfach additiv anlagert, sondern organisch einfügt und dabei die eigenen Erkundungsergebnisse vertieft oder relativiert.

Einer Klasse stand ein Medienpaket, das an der Reformpädagogischen Arbeitsstelle Rottweil entwickelt worden war, mit folgendem Material zur Verfügung:

Rottweil bei den Römern, im Mittelalter und heute

Material 1: Stadtplan aus Puzzle-Teilen

Material 2: Ton-Kassette mit Informationen des Leiters von Ausgrabungen aus der römischen Zeit der Stadt

Material 3: Dia-Reihe zum römischen Rottweil

Material 4: Ton-Kassette: mit Informationen des Stadtarchivars über das mittelalterliche Rottweil

Material 5: Dia-Reihe zum mittelalterlichen Rottweil

Material 6: Ton-Kassette: mit Fragen an den Oberbürgermeister zur heutigen Situation der Stadt

Material 7: Kurze Texte zu einzelnen Baudenkmälern

Die Klasse ließ sich durch das Material anregen und beschloß, bei der Erkundung der eigenen Stadt zwar auch den historischen Aspekt zu berücksichtigen, insgesamt aber vor allem die aktuelle Situation der Stadt zu erforschen. Dazu bildeten sich Arbeitsgruppen, die sich jeweils mit einem Teilaspekt befaßten und ihre Arbeitsergebnisse dann zu einem Selbstbildungsmaterial für ihre MitschülerInnen ausgestalteten, das an den verschiedenen Lernzirkelstationen bearbeitet werden konnte.

Jede Gruppe bearbeitete also ein Teilthema gründlich in Form der Erkundung. Danach folgten nicht die sonst üblichen Gruppenberichte, sondern die sehr viel intensivere Arbeit an den Lernzirkelstationen.

Zunächst entstanden 6 Stationen. Die SchülerInnen konnten nunmehr mit dem Material dieser Stationen arbeiten, einzelne Stationen weiter ausbauen oder völlig neue Stationen entwickeln.

Die ersten 6 Stationen:

Station 1: Fremdenführer

Die Arbeitsgruppe fertigte vom Stadtplan, auf dem die interessanten Besichtigungspunkte eingetragen waren, ein Puzzle an. Es wurden Fotos und kurze Texte bereitgelegt, die zugeordnet werden konnten.

Station 2: Unsere Stadt im Mittelalter

Stadtplan, auf den kleinformatige Fotos von heute noch vorfindbaren Zeugnissen der mittelalterlichen Stadt aufgelegt werden konnten (mit Kontrollplan)
Tonband-Interview mit dem Leiter des Stadtarchivs (dazu einige Fragen + Kontrollblatt)

Station 3: Stadtentwicklung in der Neuzeit

Bildervergleich mit Bildern der Jahrhundertwende und von der Arbeitsgruppe aus jeweils ähnlichem Blickwinkel aufgenommene Fotos der gegenwärtigen Situation

Station 4: Radwege im Stadtgebiet

Karte mit sämtlichen ausgewiesenen Radwegen
Aufgabe: Die Gesamtlänge aller Radwege feststellen

Station 5: Öffentlicher Nahverkehr

In das vorliegende Straßenbahnnetz anhand eines Fahrplans den Verlauf der Buslinien eintragen

Station 6: Industriebetriebe im Stadtgebiet (Silbenrätsel)

UNTERSCHIEDLICHE STATIONEN

« Standardstationen »

Das augenfälligste Merkmal bei der Lernzirkelarbeit sind die einzelnen Stationen, weshalb das Verfahren häufig auch als "Stationenlernen" bezeichnet wird. Da die Stationen jedoch stets in einem - mehr oder weniger engen - sachlogischen Bezugsverhältnis zueinander stehen, trifft der Begriff "Lernzirkel" den Sachverhalt besonders gut.
An jeder Station muß selbständige Schülerarbeit möglich sein, wobei der erwartete Grad an Selbständigkeit sehr unterschiedlich sein kann und von der Art des bereitgestellten Materials abhängt. In manchen Fällen gleicht dieses Material dem Selbstbildungsmaterial, wie es in der materialgeleiteten Freiarbeit Verwendung findet, hat Aufforderungscharakter, läßt mehrere Übungsdurchläufe zu, "zeigt" dem Schüler seine Bearbeitungsfehler, ermöglicht ihm die Selbstkontrolle und ist auch noch stabil und ansprechend in der Form. Daneben können jedoch alle nur denkbaren Informationsquellen eingesetzt werden, wenn sie didaktisch gut aufbereitet sind. So darf das an einer Station ausgelegte Material nicht zu umfänglich sein und das Sprachvermögen der Schüler nicht übersteigen. Es muß gut strukturiert sein und/oder mit einer Einführung, mit Hinweisen oder knappen klaren Aufgabenstellungen versehen werden.

« Fixe Stationen »

Die meisten Stationen erhalten ihren Standort je nach den Platzverhältnissen im Klassenzimmer derart, daß möglichst alle SchülerInnen einen leichten Zugang zu ihnen haben und kein Gedränge entsteht. Die SchülerInnen arbeiten nicht unbedingt an den Stationen, sondern nehmen das bereitgestellte Arbeitsmaterial im Regelfall zur Bearbeitung mit an ihren Platz. Bei sehr beengten räumlichen Verhältnissen können die Stationen z. B. nebeneinander auf dem Lehrertisch oder auf den Fensterbänken aufgebaut werden.
Für einige Stationen ist jedoch ein fester Platz vorzusehen, an dem

auch gearbeitet werden kann. Das ist stets erforderlich, wenn größere Versuchsaufbauten oder Strom- und Wasseranschlüsse benötigt werden, wenn die Arbeit an der Station besonders viel Platz beansprucht oder größere Lautstärke zu erwarten ist. Auch Tafel und Wandkarte können solche fixen Stationen sein.

« Pufferstationen »

Wegen des unterschiedlichen Arbeitstempos der SchülerInnen kann es, besonders bei Lernzirkeln mit fester Reihenfolge der Stationen, zu Staus an einzelnen Stationen kommen. Um das zu verhindern, werden Pufferstationen eingerichtet. Das sind Stationen, an denen das zu bearbeitende Arbeitsmaterial in mehrfacher Ausfertigung ausliegt. Dabei kann es sich um Lückentexte, Silbenrätsel u. dgl. handeln, um Material also, das sich leicht in beliebiger Zahl kopieren läßt.
Bei aufwendig herzustellendem Material kann sich die Lehrkraft in solchen Fällen mit dem Einrichten einer Parallelstation begnügen.

« Außenstationen »

Um den SchülerInnen bei der Lernzirkelarbeit mannigfache praktische Erfahrungen zu ermöglichen, können Außenstationen in vielfältiger Form eingerichtet werden. Sie können auf dem Flur aufgebaut werden, in der Bibliothek oder im Schulgarten liegen, geometrische Aufgaben im Freien beinhalten oder auch im Rahmen der Hausaufgaben bestehen.

« Kontroll- und Service-Stationen »

Nach Möglichkeit sollte die Kontrolle der Schülerarbeit unmittelbar durch das Selbstbildungsmaterial erfolgen, d. h. die Richtigkeit des Denkprozesses sollte sich im entstehenden Produkt ablesen lassen,

also eine empirische Selbstkontrolle sein. Allerdings gelingt es nicht immer, ein didaktisch so hervorragend aufbereitetes Selbstbildungsmaterial bereitzustellen, daß empirische Selbstkontrolle möglich ist. Andererseits sollen die SchülerInnen natürlich auch die logische Selbstprüfung, die "Innenschau", handhaben lernen, die sich an verinnerlichten Normen orientiert und viel schwerer zu vollziehen ist.
Aus diesen Gründen wird oftmals eine eigene Kontrollstation eingerichtet, an der Materialien ausliegen, mit denen die SchülerInnen ihre eigenen Arbeitsergebnisse vergleichen können.
Vielfach wird diese Station zugleich als Service-Station ausgebaut. Hier werden neben Lexika auch Bücher ausgelegt, die den zu bearbeitenden Sachverhalt vertiefen und besonders interessierte Schülerinnen und Schüler zur eigenständigen Weiterarbeit nach Beendigung der Lernzirkelarbeit anregen können. Häufig werden aber auch Karteikarten mit knappen Informationen für SchülerInnen bereitgestellt, die bei ihrer selbständigen Arbeit nicht vorankommen, weil sie früher Bearbeitetes gerade nicht präsent haben.

« Lehrerstation »

Obgleich die SchülerInnen an den Lernzirkelstationen grundsätzlich selbständig arbeiten, wird bei der Arbeit an einzelnen Stationen die direkte Hilfe der Lehrkraft benötigt. So können in Physik oder Chemie einzelne Versuche, die für einen bestimmten Lernzirkel unverzichtbar sind, wegen bestimmter Sicherheitsvorschriften nicht ohne die Aufsicht oder die Mithilfe der Lehrkraft durchgeführt werden. Es kann aber z. B. auch eine Station vorgesehen werden, an der die Lehrkraft den Arbeitsgruppen als Gesprächspartner zur Verfügung steht.

ERGEBNISKONTROLLE

Obgleich die SchülerInnen bei der Lernzirkelarbeit ihre Arbeitsergebnisse selbst überprüfen (s. S. 145 f.), behält die Lehrkraft natürlich die Verantwortung für das gesamte Lerngeschehen in der Klasse. Deshalb empfehlen sich folgende Maßnahmen:

1. Zu Beginn der Lernzirkelarbeit erhält jede Schülerin und jeder Schüler einen "Laufzettel", auf dem sämtliche Pflicht- und Wahlstationen vermerkt sind, und kreuzt die bearbeiteten Stationen an. Dadurch behält die Lehrkraft jederzeit einen Überblick über die individuellen Arbeitsfortschritte.

2. Sämtliche Textproduktionen, Skizzen u. dgl., die bei der Lernzirkelarbeit erstellt werden, kommen in ein besonderes Heft (oder eine Mappe), und können von der Lehrkraft eingesehen und - falls erforderlich - korrigiert werden. Dafür bleibt für die Lehrkraft während der selbständigen Schülerarbeit genügend Zeit.

3. Am Ende der Lernzirkelarbeit können Arbeitsergebnisse aus den Wahlstationen im Plenum vorgestellt und besprochen werden, wenn dazu das Bedürfnis besteht.

4. Es ist natürlich möglich, die Ergebnisse einer Lernzirkelarbeit auch in Form eines abschließenden Tests oder einer Klassenarbeit zu überprüfen. Da einerseits jedoch bei jeder einzelnen Station eine Ergebniskontrolle stattfindet und andererseits die Lernzirkelarbeit zu einer Unterrichtseinheit durch einleitende und/oder abschließende Phasen lehrergeführten Unterrichts ergänzt wird, gehen die Lernergebnisse der Lernzirkelarbeit ohnehin in die Leistungsüberprüfung ein, die gewöhnlich nach Beendigung der gesamten Unterrichtseinheit durchgeführt wird.

ROLLEN DER LEHRPERSON BEI DER LERNZIRKELARBEIT

» 1. Didaktiker, der die Lerninhalte auswählt, gliedert und auf die Lernstationen verteilt.

» 2. Organisator, der die Stationen des Lernzirkels übersichtlich im Klassenzimmer aufbaut, Hinweise auf Einzel-, Partner- und Kleingruppenarbeit gibt und für Kontrollmöglichkeiten sorgt.

» 3. Helfer, der den ins Stocken geratenen Lernprozessen einzelner Schüler oder Gruppen neue Anstöße gibt.

» 4. Berater, der sich für Überlegungen und Fragen einzelner Schüler offen zeigt und Vorschläge für die Anwendung bestimmter Arbeitsstrategien macht.

» 5. Beobachter, der die Eigenart, Begabung, Neigung und das Arbeitstempo des Kindes gründlich kennenlernt sowie die Effektivität der von ihm angebotenen Materialien erkennt.

» 6. Lehrer, der in neue Arbeitstechniken einführt und den Umgang mit neuem Selbstbildungsmaterial zeigt, wenn einzelne Schüler damit nicht zurechtkommen.

» 7. Verantwortlicher, der Vertrauen in die eigenständige Arbeit und in die Selbstkontrolle der Schüler setzt, dabei aber einen Überblick über den Lernstand der einzelnen Schüler hat und ggfs. korrigierend hilft.

KRITERIEN FÜR DIE ERSTELLUNG VON LERNZIRKELN

• In Lernzirkeln können von den Schülern fachspezifische oder fächerübergreifende Lehrplanforderungen aller Fachrichtungen in großer Selbständigkeit bearbeitet werden.

• Es ist möglich, das gesamte Unterrichtsthema im Rahmen eines Lernzirkels zu bearbeiten. Häufig korrespondieren jedoch lehrergeführter Unterricht und Lernzirkelarbeit in der Weise miteinander, daß mit dem Lernzirkel lediglich die Motivationsphase oder - besonders häufig - die Übungsphase abgedeckt wird.

• Bei der Erstellung eines Lernzirkels werden die Lern- und Übungsaufgaben des jeweiligen Themas in kleine Lern- oder Übungsaufgaben aufgegliedert.

• Für jede Teilaufgabe wird eine Lernstation aufgebaut.

• Wenn es der Sachzusammenhang erfordert, können die Lernstationen in einem logisch-systematischen Zusammenhang zueinander stehen und müssen von den Lernenden dann in einer bestimmten Reihenfolge durchlaufen werden.

• Je nach Stoffbereich können die Lernstationen verschiedene Aspekte der Lernsache abbilden und dann von den Lernenden in beliebiger Reihenfolge durchgearbeitet werden.

• Lernzirkel müssen eine übersichtliche Struktur haben, die von den Lernenden gut zu erkennen ist oder in die sie vor Beginn der Lernzirkelarbeit von der Lehrkraft eingeführt werden.

• Bei Lernzirkeln wird im allgemeinen zwischen einem verbindlichen Mindeststoff, dem Fundamentum, und einem Additum unterschieden, dessen Bearbeitung freiwillig ist.

• Der Schwierigkeitsgrad an den Stationen muß so beschaffen sein, daß stärkere und schwächere Schüler Erfolgserlebnisse haben können.

• Der Lernende muß die Aufgabenstellung an den Stationen aufgrund eines stark motivierenden und gut strukturierten Materials selbst erkennen können oder über eine knappe eindeutige Arbeitsanweisung an den Arbeitsprozeß herangeführt werden.

• Die Lernenden müssen ihre Arbeitsergebnisse in Form von empirischer Überprüfung oder anhand von Vergleichen mit bereitgestellten Vorlagen selbst überprüfen können.

• Gute Lernzirkel beanspruchen nicht einseitig den Intellekt, sondern ermöglichen ein Lernen mit vielen Sinnen.

• Gute Lernzirkel verfügen über Parallelstationen, die den Wissenserwerb über unterschiedliche Lernkanäle ermöglichen, so daß für alle Lerntypen optimale Lernbedingungen gegeben sind.

• Wenn es die Struktur des Lernstoffes erlaubt, können die Schüler bei guten Lernzirkeln zwischen Einzel-, Partner- und Kleingruppenarbeit wählen.

• Die Lernenden erhalten einen Laufzettel, auf dem alle Stationen des Lernzirkels vermerkt sind, und dokumentieren, welche Stationen sie bearbeitet haben.

LITERATUR

Adler, A., Individualpsychologie in der Schule: Vorlesungen für Lehrer und Erzieher, Leipzig 1929.

Auditor, M., Die Erziehung zur Selbständigkeit bei Freinet, dargestellt an Beispielen aus dem Grundschulunterricht, Wiss.Hausarbeit PH Freiburg 1991.

Baillet, D., Freinet - praktisch, Weinheim und Basel 1983.

Bastian, J., Gudjons, H., Über die Projektwoche hinaus, in: Pädagogik 7/8 1989.

Becker, G., Versuch, einen Katalog von Zielen sozialen Lernens aufzustellen, in: Kron (Hrsg.), Persönlichkeitsbildung und soziales Lernen, Bad Heilbrunn 1980.

Bielefeldt, H., Emundts, M., Lehrgang und Projekt, Heinsberg 1987.

Bloch, E., Das Prinzip Hoffnung, Frankfurt a. M. 1959 (3 Bde.).

Bollnow, O. F., Sprache und Erziehung, Stuttgart, Berlin, Köln, Mainz 1966 (2. Aufl.).

Bollnow, O. F., Vom Geist des Übens, Freiburg 1978.

Booz-Ebert, S., Erziehung zur Verantwortung, Diplomarbeit PH Freiburg 1990.

Borkenhagen, H., Das gruppenunterrichtliche Verfahren, in: Die Praxis der Schulen nach dem Jena-Plan, hrsgg. von P. Petersen, Weimar 1934.

Bronnmann, W., Kochansky, G., Schmid, W. F., Lernen lehren. Training von Lernmethoden und Arbeitstechniken - eine Aufgabe der Schule, Bad Heilbrunn 1981.

Buber, M., Die Erzählungen der Chassidim, Zürich 1949.

Buber, M., Reden über Erziehung, Heidelberg 1953.

Buber, M., Das dialogische Prinzip, Heidelberg 1984 (5. Aufl.).

Buytendijk, F. J. J., Erziehung zur Demut. Betrachtungen über einige moderne pädagogische Ideen, bearbeitet von G. Schulz, Ratingen 1962.

Camus, A , Kleine Prosa, Reinbek bei Hamburg 1961.
Canetti, E., Die gerettete Zunge, Geschichte einer Jugend, Frankfurt a. M. 1979.
Canetti, E., Die Stimmen von Marrakesch, Frankfurt a.M., 1980 (1967).
Copei, F., Der fruchtbare Moment im Bildungsprozeß, Heidelberg 1950 (2. Aufl).
Correll, W., Persönlichkeitspsychologie, Donauwörth 1976.
Dewey, J., Kilpatrick, W. H., Der Projekt-Plan, Weimar 1935.
Dietrich, Th. (Hrsg.), Unterrichtsbeispiele von Herbart bis zur Gegenwart, Bad Heilbrunn 1969 (3. Aufl.).
Dietrich, Th., Die Pädagogik Peter Petersens, Der Jena-Plan: Modell einer humanen Schule, Bad Heilbrunn 1986 (4. Aufl.).
Ditfurth, H. von, Innenansichten eines Artgenossen, Meine Bilanz, Düsseldorf 1990 (5. Aufl.).
Döpp-Vorwald, H., Die Erziehungslehre Peter Petersens, Wuppertal 1969.
Fauser, P., Fintelmann, K. J., Flitner, A. (Hrsg.), Lernen mit Kopf und Hand, Weinheim und Basel 1983.
Fischer, A., Ausgewählte pädagogische Schriften. Besorgt von K. Kreitmair, Paderborn 1961.
Fischer, H., Das freie Unterrichtsgespräch, Braunschweig und Berlin 1955.
Flitner, A., Spielen - Lernen. Praxis und Deutung des Kinderspiels, München 1975 (5. Aufl.).
Flitner, W., Die drei Phasen der pädagogischen Reformbewegung (1928), in: Flitner, W., Theorie des pädagogischen Weges, Weinheim, Berlin 1968 (8. Aufl.).
Foerster, F. W., Schriften zur politischen Bildung, besorgt von K. G. Fischer, Paderborn 1964.
Freinet, C., Die moderne französische Schule, Paderborn 1979 (2. Aufl.).
Freinet, C., Pädagogische Texte, herausgegeben von H. Boehncke und Ch. Hennig, Reinbek bei Hamburg 1980.
Freinet, E., Erziehung ohne Zwang. Der Weg Célestin Freinets, Stuttgart 1981.

Freire, P., Pädagogik der Unterdrückten. Bildung als Praxis der Freiheit, Reinbek bei Hamburg 1973.
Frey, K., Die Projektmethode, Weinheim und Basel 1982.
Gansberg, F., Schaffensfreude, Leipzig 1902.
Gärtner, F., Neuzeitliche Heimatkunde, München 1958.
Gaudig, H., Didaktische Ketzereien, Leipzig und Berlin 1904.
Gaudig, H., Die Schule im Dienste der werdenden Persönlichkeit, 2 Bde., Leipzig 1922 (2. Aufl.).
Gaudig, H. (Hrsg.), Freie geistige Schularbeit in Theorie und Praxis, Breslau 1922.
Gehlen, A., Anthropologische Forschung. Zur Selbstbegegnung und Selbstentdeckung des Menschen, Reinbek bei Hamburg 1961.
Geppert, K., Preuß, E., Selbständiges Lernen, Bad Heilbrunn 1980.
Gerner, B. (Hrsg.), Das exemplarische Prinzip. Beiträge zur Didaktik der Gegenwart, Darmstadt 1970.
Goethe, J. W., Gesammelte Werke in sieben Bänden, herausgegeben von B. von Heiseler, Gütersloh 1955.
Gollwitzer, H., Krummes Holz - aufrechter Gang. Zur Frage nach dem Sinn des Lebens, München 1971 (4. Aufl.).
Graumann, C. F., Sprechen und Denken, in: Sprache, Brücke und Hindernis, München 1972.
Hahn, K., Erziehung zur Verantwortung, Stuttgart o. J. (1958).
Heckhausen, H., Förderung der Lernmotivierung und der intellektuellen Tüchtigkeit, in: Roth, H. (Hrsg.), Begabung und Lernen, Stuttgart 1969 (3. Aufl.).
Heinelt, G., Kreative Lehrer - kreative Schüler. Wie die Schule Kreativität fördern kann, Freiburg 1980 (5 Aufl.).
Hentig, H. v., Das allmähliche Verschwinden der Wirklichkeit, München 1985 (2. Aufl,).
Jannasch, H.-W., Unterrichtspraxis, neu bearbeitet und erweitert von G. Joppich, Hannover, Berlin, Darmstadt, Dortmund 1966 (6. Aufl,).
Joost, L. (Hrsg.), Das Unterrichtsgespräch, Braunschweig 1954 (3. Aufl.).
Jörg, H., Célestin Freinet, die Bewegung 'Moderne Schule' und das französische Schulwesen heute, in: Freinet, Die moderne französische Schule, Paderborn 1979 (2. Aufl.).

Kaiser, A., Kaiser F.-J. (Hrsg.), Projektstudium und Projektarbeit in der Schule, Bad Heilbrunn 1977.

Keller, B., Post-Lange, E., Lebensraum Schule. Erfahrungen mit dem Offenen Unterricht in der Hauptschule, München 1995.

Kerschensteiner, G., Begriff der Arbeitsschule, Leipzig, Berlin 1928 (7. Aufl.).

Kerschensteiner, G., Ausgewählte pädagogische Schriften, 2 Bde., besorgt von G. Wehle, Paderborn 1966 / 68.

Key, E., Das Jahrhundert des Kindes, Berlin 1902 (2. Aufl.).

Kilpatrick, W, H., Der Projektplan, Grundlegung und Praxis, (deutsch) Weimar 1935.

Kleist, H. von, Über die allmähliche Verfertigung der Gedanken beim Reden, in: Kleist, Erzählungen und Prosastücke, Stuttgart 1966.

Kley, E., Das didaktische Prinzip der Lücke zur Aktivierung des kindlichen Interesses, in: Auswahl Reihe A, Heft 1, Berlin, Hannover, Darmstadt 1963.

Klippert, H., Wirtschaft und Politik erleben. Planspiele für Schule und Lehrerbildung, Weinheim 1984.

Kluge, K.-J., Plum, H., Schnell, I., Eine kindgerechte Umwelt schaffen, München 1981.

Korczak, J., Wie man ein Kind lieben soll, herausgegeben von E. Heimpel und H. Roos, Göttingen 1967 (7. Aufl.).

Korczak, J., Das Recht des Kindes auf Achtung, herausgegeben von E. Heimpel und H. Roos, Göttingen 1973 (2. Aufl.).

Kozol, J., Free Schools, Schule und Gegenschule, 1972, (deutsch) Ravensburg 1973.

Kretschmann, J., Haase, O., Natürlicher Unterricht, Wolfenbüttel, Hannover 1948.

Krieger, C. G., Mut zur Freiarbeit, Hohengehren 1994.

Kron, F. W. (Hrsg.), Persönlichkeitsbildung und soziales Lernen, Bad Heilbrunn 1980.

Kühnel, J., Neubau des Rechenunterrichts, 2 Bde., Leipzig 1922 (4. Aufl,).

Langeveld, M. J., Die Schule als Weg des Kindes. Versuch einer Anthropologie der Schule, Braunschweig 1966 (3 Aufl.).

Laubis, J., Vorhaben und Projekte im Unterricht, Ravensburg 1976.

Leipziger Lehrerverein (Hrsg.), Gesamtunterricht im 1. und 2. Schuljahr. Zugleich ein Bericht über die Leipziger Reformklassen, Leipzig 1925 (4., verbesserte und erweiterte Auflage).
Lichtwark, A., Übungen in der Betrachtung von Kunstwerken, Berlin 1922 (18. Aufl.).
Lifton, B. J., Der König der Kinder. Das Leben von J. Korczak, Stuttgart 1990.
Metzger, W., Die Grundlagen der Erziehung zu schöpferischer Freiheit, Heidelberg 1963.
Montessori, M., Selbsttätige Erziehung im frühen Kindesalter, Stuttgart 1927.
Montessori, M., Das kreative Kind, Freiburg, Basel, Wien 1972.
Montessori, M., Schule des Kindes, Freiburg 1976.
Müller, L., Einstellung auf Freitätigkeit, Leipzig 1924. Neu veröffentlicht unter: Umstellung auf freie geistige Schularbeit, Bad Heilbrunn 1951 (4. Aufl.).
Münch, P. G., Rund ums rote Tintenfaß. Essays über den Schüleraufsatz, Leipzig 1908.
Musil, R., Aus den Tagebüchern, Reinbek bei Hamburg 1963.
Neber u. a. (Hrsg.), Selbstgesteuertes Lernen, Weinheim 1978.
Neill, A. S., Theorie und Praxis der antiautoritären Erziehung. Das Beispiel Summerhill, Hamburg 1969.
Odenbach, K., Die Übung im Unterricht, Braunschweig 1963.
Otto, B., Geistiger Verkehr mit Schülern im Gesamtunterricht, Leipzig 1907.
Otto, B., Ausgewählte pädagogische Schriften, besorgt von K. Kreitmair, Paderborn 1963.
Parkhurst, H., Education on the Dalton-Plan, London 1922.
Petersen, P., Der Kleine Jena-Plan, Weinheim, Basel 1980 (56. - 60. Aufl. / 1. Aufl. 1927).
Petersen, P., Jena-Plan I, Schulleben und Unterricht einer freien allgemeinen Volksschule nach den Grundsätzen Neuer Erziehung, Weimar 1930.
Petersen, P., Jena-Plan II, Gestaltendes Schaffen im Schulversuch der Universitätsschule Jena, Weimar 1930.
Petersen, P., Jena-Plan III, Die Praxis der Schulen nach dem Jena-Plan, Weimar 1934.

Petersen, P., Der Ursprung der Pädagogik (2. Teil der "Allgemeinen Erziehungswissenschaft"), Berlin und Leipzig 1931.
Petersen, P., Führungslehre des Unterrichts, Braunschweig 1959 (6. Aufl.).
Petersen, P., Petersen, E., Wolfrum, E. u. a., Gruppenarbeit nach dem Jena-Plan, München 1958.
Potthoff, J., Potthoff, W., Freiarbeit und Lernzirkel im Mathematikunterricht der Sekundarstufe, Freiburg 1995.
Potthoff, W., Das Unterrichtsgespräch als Lernform, in: D. Spanhel (Hrsg.), Schülersprache und Lernprozesse, Düsseldorf 1973.
Potthoff, W., Methodische Lernhilfen, Ravensburg 1976.
Potthoff, W., Grundformen des Unterrichts, Freiburg 1979.
Potthoff, W., Erfolgssicherung im Unterricht. Üben und Anwenden. Mit Beispielen aus der Praxis, Freiburg 1981.
Potthoff, W., Freies Lernen - verantwortliches Handeln, 2. Aufl. Freiburg 1990 (I).
Potthoff, W., Grundlage und Praxis der Freiarbeit, 5. erweiterte Auflage, Freiburg 1995 (II).
Potthoff, W., Einführung in die Reformpädagogik, 2. Aufl., Freiburg 1994.
Reble, A. (Hrsg.), Die Arbeitsschule, Bad Heilbrunn 1979 (4. Aufl.).
Reichwein, A., Schaffendes Schulvolk, Braunschweig, Berlin, Kiel 1951 (2. Aufl.).
Reichwein, A., Ausgewählte pädagogische Schriften, besorgt von H. E. Ruppert und H. E. Wittig, Paderborn 1978.
Ritz-Fröhlich, G., Das Gespräch im Unterricht. Anleitung, Phasen, Verlaufsformen, Bad Heilbrunn 1977.
Roeder, I,, Führungsfragen in der pädagogischen Situation des Kreises, Paderborn 1967.
Röhrs, H., Die pädagogischen Ideen Martin Bubers, in: Röhrs, H., Meyer, E., Die pädagogischen Ideen Martin Bubers. Begründungs- und Wirkungszusammenhänge, Wiesbaden 1979.
Rogers, C. R., Lernen in Freiheit, München 1974 (3. Aufl.).
Rousseau, J. J., Emil oder Über die Erziehung, Paderborn, München, Wien, Zürich 1985 (7. Aufl,),
Rühm-Constantin, E., Der Beginn des Schultages, Weinheim 1972.

Saint-Exupéry, A., Dem Leben einen Sinn geben, München 1970.
Scharrelmann, H., Herzhafter Unterricht, Hamburg 1902.
Scharrelmann, H., Weg zur Kraft, Hamburg 1910.
Scheibner, O., Arbeitsschule in Idee und Gestaltung, Leipzig 1928.
Scheuerl, H. (Hrsg.), Theorien des Spiels, Weinheim 1975 (10. Aufl.).
Schiffler, H., Schule und Spielen, Ravensburg 1976.
Schleiermacher, F. E. D., Ausgewählte pädagogische Schriften, besorgt von E. Lichtenstein, Paderborn 1964 (2. Aufl,).
Schwager, K. H., Wesen und Formen des Lehrgangs im Schulunterricht, Weinheim o. J.
Schwerdt, Th., Kritische Didaktik, Paderborn 1959 (12. Aufl,).
Spanhel, D. (Hrsg.), Schülersprache und Lernprozesse, Düsseldorf 1973.
Steiner, R., Allgemeine Menschenkunde als Grundlage der Pädagogik. Erziehungskunst I, Dornach 1982 (1. Aufl. 1932).
Strauch, G., Erziehung zum selbständigen Denken, Wien, München 1985.
Treffer, G., Sitzung im Gemeinderat - geh'n wir hin! Elementar 4. Bayerische Landeszentrale für politische Bildungsarbeit, München 1989 (4. Aufl.).
Vogel, A., Didaktik der Denkerziehung. Bereiche - Modelle - Strategien, Ravensburg 1978.
Vester, F., Denken, Lernen, Vergessen, München 1984 (11. Aufl.).
Vester, F., Leitmotiv vernetztes Denken, München 1992 (2. Aufl.).
Wagenschein, M., Verstehen lehren. Exemplarisch, sokratisch, genetisch, Weinheim 1969.
Wagenschein, M., Ursprüngliches Verstehen und exaktes Denken, 2 Bde., Stuttgart 1970 (2. Aufl.).
Wertheimer, M., Produktives Denken, Frankfurt 1957.
Winkeler, R., Innere Differenzierung. Begriff, Formen und Probleme, Ravensburg 1979.
Wölfflin, H., Aufsätze. Das Erklären von Kunstwerken, Stuttgart 1961 (1. Aufl. 1940).
Wolgast, H., Jugendschrift, Schülerbibliothek, das billige Buch, in: Lichtwark 1904.

Zimmermann, H. D. (Redaktion), Freies Arbeiten. Reformpädagogische Impulse für Erziehung und Unterricht in Regelschulen, Donauwörth 1994.
Zitzlsperger, H., Ganzheitliches Lernen. Welterschließung über alle Sinne mit Beispielen aus dem Elementarbereich, Weinheim und Basel 1991 (2. Aufl.).
Zülch, M., Freier Ausdruck und entdeckendes Lernen. Beispiele aus einer Freinet-Klasse, in: Die Grundschule, Heft 8 / 1977.
Zülch, M., Freier Ausdruck und Druckerei. Beispiele aus einer Freinet-Klasse, in: Die Grundschule, Heft 9 / 1977.

Lernzirkel für Lehrer und Erzieher im Reformpädagogischen Verlag Jörg Potthoff:

Potthoff, W., Einführung in die Freiarbeit, Freiburg 1994.
ISBN 3-925416-11-0
Potthoff, W., Veränderte Kindheit - aktive Schule, Freiburg 1995.
ISBN 3-925416-14-5
Potthoff, W., Wege zur Öffnung des Unterrichts, Freiburg 1996.
ISBN 3-925416-16-1

Kataloge über Unterrichtsmaterialien des Reformpädagogischen Verlages Jörg Potthoff:

Materialien für die Freiarbeit in der Grundschule (kostenlos).

Materialien für Freiarbeit, Differenzierung und Übung in der Sekundarstufe I (kostenlos).

Willy Potthoff

GRUNDLAGE UND PRAXIS DER FREIARBEIT

Das bekannte Standardwerk, das alle angeht, die sich um die Einführung und Weiterentwicklung der Freiarbeit bemühen, liegt inzwischen in der fünften Auflage vor. Die materialbezogene Freiarbeit wird im Ganzen des Schullebens dargestellt, in ihren einzelnen Aspekten praxisbezogen erörtert und zur Arbeit mit Lernzirkeln und Kleinprojekten in Beziehung gesetzt.

120 S. kart., Freiburg 1995[5], ISBN 3-925416-03-X

Willy Potthoff

EINFÜHRUNG IN DIE REFORMPÄDAGOGIK

Das Buch ist ein wichtiger Helfer für alle, die bei der aktuellen inneren Schulreform aktiv mitarbeiten wollen. Es stellt den Verlauf, wichtige Tendenzen, Hintergründe und Zusammenhänge der reformpädagogischen Bewegung dar. Schlüsselbegriffe, mit denen Grundwissen vermittelt wird, führen in die Denk- und Arbeitsweise wichtiger Reformpädagogen ein. Die Schlüsselbegriffe sind zugleich als "pädagogische Bausteine" für heutige Schulentwicklungen gedacht, bei denen Lehrer, Schüler, Eltern und Erziehungswissenschaftler der jeweiligen Schule "vor Ort" ein humaneres schülerorientierteres Profil geben wollen.

240 S. kart., Freiburg 1994[2] , ISBN 3-925416-06-4

Willy Potthoff

FREIES LERNEN - VERANTWORTLICHES HANDELN

In der Schrift wird besonders auf natürliches und selbstbestimmtes Lernen, die Rolle didaktischer Selbstbildungsmaterialien in einem schülerorientierten Unterricht, die Möglichkeiten einer Schulung des Intellekts mit Hilfe solcher Materialien und den didaktischen Ort der Freiarbeit im Gesamt des Unterrichts abgehoben. Darüber hinaus wird der Gesamtzusammenhang einer Integrierten Reformpädagogik aufgezeigt, die zahlreiche Impulse der Jahre von 1900 bis 1932 aufgreift und auf der Basis neuerer Untersuchungen auf die Lern- und Erziehungssituation unserer Zeit bezieht.

159 S. kart., Freiburg 1994[2] , ISBN 3-925416-08-0

Jörg Potthoff / Willy Potthoff
FREIARBEIT UND LERNZIRKEL IM MATHEMATIKUNTERRICHT DER SEKUNDARSTUFE
Wer den Mathematikunterricht in der Sekundarstufe für möglichst alle Schüler seiner Klasse effektiv gestalten will, kann auf Formen des freien Arbeitens nicht verzichten. Das Buch beschreibt die lernfördernden Möglichkeiten selbständiger Schülerarbeit im Mathematikunterricht, benennt den didaktischen Ort für Freiarbeit und Lernzirkelarbeit in diesem Unterrichtsfach, zeigt Einstiegsmöglichkeiten in die Freiarbeitsformen auf und gibt zahlreiche Beispiele für Selbstbildungsmaterialien und Lernzirkel.
120 S. kart., Freiburg 1995, ISBN 3-925416-12-9

Heidi Krebs / Gabriele Faust-Siehl
LERNZIRKEL IM UNTERRICHT DER GRUNDSCHULE
Heidi Krebs stellt das Verfahren der Lernzirkelarbeit auf dem Hintergrund einer veränderten Kindheit vor, zeigt den didaktischen Ort des "Stationenlernens" auf und erörtert die didaktischen und methodischen Aspekte, die in der Praxis zu beachten sind. Gabriele Faust-Siehl zeigt die Möglichkeiten von Selbsttätigkeit und Selbststeuerung der Lernenden bei der Arbeit in Lernzirkeln auf. Verschiedene Autoren geben mit praktischen Beispielen aus den unterschiedlichen Arbeitsfeldern der Grundschule Hilfen und Anregungen.
120 S. kart., Freiburg 1993, ISBN 3-925416-07-2

Elke Mayer / Anette Pillich-Krogoll
LERNZIRKEL "KLASSIK"
Das Lernzirkelpaket "Klassik" eignet sich für Klassen des Gymnasiums und der Realschule. Es enthält Informationstexte, Kopiervorlagen, Halbfertigmaterial für Klappbücher, Blätter für die Selbstkontrolle, einen Laufzettel für die 10 Lernstationen, ... Der Lernzirkel bietet den Schülerinnen und Schülern die Möglichkeit, den zu lernenden Stoff selbständig zu erarbeiten.
ISBN 3-925416-10-2